Calimots

Fichier de différenciation

Autrices :
Karine Paccard
*professeure des écoles
et formatrice à l'INSPE*

Adeline Pesic
conseillère pédagogique

Illustrateur :
Grégoire Mabire

Le parcours différencié en code :

Suite au test de fluence réalisé dans la semaine « pour démarrer », l'enseignant crée **deux groupes : les élèves à lecture rapide (niveau 1) et les élèves à lecture lente (niveau 2)**. Au cours de l'année et selon les besoins, les élèves peuvent changer de groupe.

En étape 1 des séances de code, les élèves à lecture lente (niveau 2) préparent la lecture de la page du manuel avec l'enseignant : ils utilisent les tableaux d'imprégnation.

Pendant ce temps, les élèves à lecture rapide (niveau 1) travaillent sur la fiche pour approfondir le décodage du graphème étudié la séance précédente.

En étape 2, tous les élèves lisent la page du manuel.

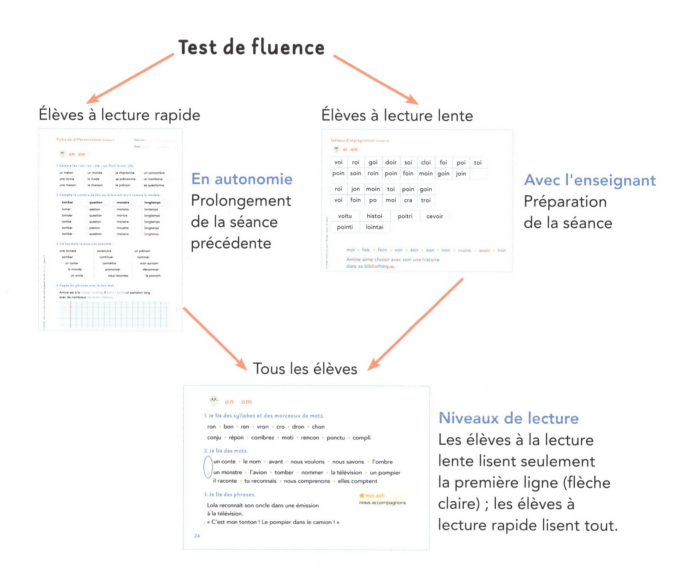

Retrouvez toutes les fiches dans la rubrique « Matériel » du site : calimots.editions-retz.com/ce1/

© Édition Retz, 2024
ISBN : 978-2-7256-4513-1
Code éditeur : 224706
Dépôt légal : mars 2024

Cet ouvrage suit l'orthographe recommandée par les rectifications de 1990 et les programmes scolaires.

Direction éditoriale : Céline Lorcher
Édition : Adeline Guérin-Grimouille et Elvire Lakraa
Corrections : Violaine Delabre et Bérengère de Rivoire
Création maquette : Hélène Loirat
Mise en page : Hélène Loirat
Police cursive SG Normalize two, © 4 heures

Sommaire

Fiches de différenciation (niveau 1)

UNITÉ 1	an, en, ou, in, au, oi, on	p. 5
	t, d	p. 6
	ch, j	p. 7
	p, b	p. 8
	f, v	p. 9
	pl, fl, cl, gl	p. 10
	br, pr, cr, tr, vr, dr	p. 11
	e qui fait (e) ou qui est muet	p. 12
	é	p. 13
	er qui fait (é)	p. 14
	ez qui fait (é)	p. 15
	è, ê, et qui font (è)	p. 16
UNITÉ 2	en, em	p. 17
	o	p. 18
	on, om	p. 19
	oi, oin	p. 20
	ou	p. 21
	a	p. 22
	au, eau	p. 23
	al, aux	p. 24
	an, am	p. 25
	i	p. 26
	ei, ai	p. 27
	in, im	p. 28
UNITÉ 3	ain, aim, ein	p. 29
	u	p. 30
	eu, œu	p. 31
	s ou ss qui fait (s)	p. 32
	s muet	p. 33
	s qui fait (z)	p. 34
	z	p. 35
	e qui fait (è)	p. 36
	q et k	p. 37
	c qui fait (k)	p. 38
	ç	p. 39
	c qui fait (s)	p. 40

UNITÉ 4	t qui fait (s)	p. 41
	n, nn	p. 42
	m, mm	p. 43
	en/em, an/am, in/im, on/om, un/um	p. 44
	ain, ian, ein, ien	p. 45
	Les mots qui finissent en -nt	p. 46
	Les mots qui finissent en -ment	p. 47
	g qui fait (g)	p. 48
	gu	p. 49
	gn	p. 50
	g qui fait (j)	p. 51
	h	p. 52
UNITÉ 5	ph	p. 53
	ill	p. 54
	ail, eil, ouil, euil	p. 55
	ill et i en milieu de mot	p. 56
	y	p. 57
	x	p. 58
	w	p. 59
	Mots anglais (1)	p. 60
	Mots anglais (2)	p. 61
	Révision (1)	p. 62
	Révision (2)	p. 63
	Révision (3)	p. 64
	Révision (4)	p. 65

Tableaux d'imprégnation (niveau 2) .... **p. 66**

Fiche de différenciation niveau 1

Prénom : ....
Date : ....

 an en ou in au oi on

1. Relie les dessins au son que tu entends.

2. Entoure le ou les mots corrects.

mouche	demim	autre	réponse
mouhre	jemin	auter	reponse
rouche	chemin	autree	reponsse
vouche	chemmin	auttre	réponsce
mouche	chenin	autrre	réponse

3. Pose ton doigt et tes yeux sur les lignes de couleur pour lire les mots.

avant	envie	route	son
autant	entier	voute	rond
enfant	encore	soute	mont
géant	entrer	rouge	avion
grand	ensemble	souffle	aviron

4. Recopie la phrase avec le bon mot.

Tous les matins, Amine prend sa mouche / douche.

Le manteau de mamie est bon / long.

5

Fiche de différenciation niveau 1

Prénom : ....
Date : ....

t d

1. Coche en bleu la syllabe où tu entends (t) et en rouge la syllabe où tu entends (d), comme dans les exemples.

2. Entoure le ou les mots corrects.

retit	édude	enfendu	détale
detit	étule	entendu	pétale
petit	étute	enjendu	rétale
qetit	étude	enlandu	pédale

3. Pose ton doigt et tes yeux sur les lignes de couleur pour lire les mots.

tu	don	dent	trône
étude	donne	denté	détrône
étudie	donner	dentelé	détrôner
étudier	donnera	dentiste	détrônera
étudiera	donneront	dentifrice	détrôneront

4. Recopie la phrase avec le bon mot.

Le roi est monté sur son drone / trône.

La reine se fait une longue tresse / dresse.

6

Fiche de différenciation niveau 1

Prénom : ....

Date : ....

 ch j

1. Coche en bleu la syllabe où tu entends (ch) et en rouge la syllabe où tu entends (j), comme dans les exemples.

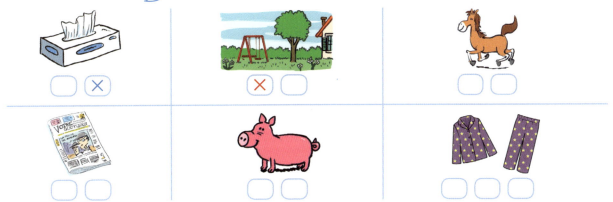

2. Entoure le ou les mots corrects.

caud	jame	chambe	maajuscule
chaud	janbe	chambre	machuscule
jaud	jambe	chambe	majuscule
chaus	chanbe	chabre	majucule

3. Pose ton doigt et tes yeux sur les lignes de couleur pour lire les mots.

chat	jardin	cherche	jour
chatte	jardine	recherche	ajouré
chaton	jardinier	rechercher	journée
chatière	jardinera	recherchera	journalier
chatterie	jardinerai	rechercherait	journalière

4. Recopie la phrase en corrigeant l'erreur.

Je viens touqours dans le jardin.

La robe de la mariée est blancle.

Fiche de différenciation niveau 1

Prénom : ....

Date : ....

 p b

1. Change une ou deux lettres pour trouver un nouveau mot.

pelle   batte   boisson   boulet

pépé   peau   brise   pas

2. Compte le nombre de fois où le mot est écrit comme le modèle.

prune ☐	**septembre** ☐	**possible** ☐	**problème** ☐
brune	sebtembre	possiple	probléme
prune	séptembre	qossible	trobième
buine	septenbre	possible	porblème
prune	septembre	bossiple	problème
puine	september	possible	probleme

3. Pose ton doigt et tes yeux sur les lignes de couleur pour lire les mots.

partie	pour	blanc	semble
partir	pourtant	blanche	semblable
repartie	pourquoi	blancheur	ressemble
répartir	probable	blanchisse	ressemblera
repartirons	probablement	blanchisserie	ressemblerait

4. Sépare les mots par un trait puis écris la phrase.

Lebateaupartduport.

Montableauesttombéparterre.

Fiche de différenciation niveau 1

Prénom : ....

Date : ....

f v

1. Coche en bleu la syllabe où tu entends (f), en rouge la syllabe où tu entends (v).

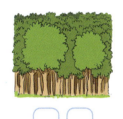   

2. Compte le nombre de fois où le mot est écrit comme le modèle.

formule	vacances	profite	enveloppe
fomule	vacances	profit	enveloppe
formule	cavances	profite	eveloppe
fromule	vacances	profita	envellope
formule	vacance	profite	anvelope
formula	vacances	profite	enveloppe

3. Pose ton doigt et tes yeux sur les lignes de couleur pour lire les mots.

chef	hiver	fort	avis
frère	vieux	fourmi	revient
ferme	devenir	vêtement	fantôme
fabrique	vraiment	fourchette	couverture
transforme	conviennent	merveilleux	formidables

4. Sépare les mots par un trait puis **écris** la phrase.

Lafuméedelacheminéeestnoire.

Ilobservelavoitureparlafenêtre.

Fiche de différenciation niveau 1

Prénom : ....
Date : ....

 pl fl cl gl

1. Relie les dessins au son que tu entends.

pl   fl   cl   gl

2. Trace le chemin entre les mots qui contiennent « pl », « fl », « cl », « gl ».

flute	parapluie	éclater	complète
place	flèche	glissant	moufle
clou	triangle	placard	climat
aigle	article	gonflé	sanglot

3. Lis les mots le plus vite possible.

une clé	une flute	le plaisir
la cloche	gonfler	l'anglais
une fleur	déclare	la bicyclette
gluant	la planète	jongler
plusieurs	un angle	une glissade

4. Lis en articulant

- Le cycliste glisse sur la glace.
- Placide prend plusieurs plats avec plaisir.
- Les flocons flottent sur la flaque.

Fiche de différenciation niveau 1

Prénom : ....

Date : ....

br pr cr tr vr dr

1. Relie les dessins au son que tu entends.

2. Trace le chemin entre les mots qui contiennent « br », « pr », « cr », « tr », « dr », « vr ».

arbre	premier	du sucre	libre
trois	ouvrir	être	avril
près	l'ombre	le prix	mercredi
un cri	trop	brun	vendre
vrai	drap	vivre	prépare
ordre	écrit	droit	maitresse

3. Lis les mots le plus vite possible.

un abricot	une fibre	sombre
une craie	un zèbre	le prince
un citron	une croix	le monstre
avril	la lèvre	l'écriture
une droite	la poudre	prétendre

4. Lis en articulant

- Dans le pré, l'âne broute à l'abri.
- Trévis veut vraiment vendre son drone.
- Le crapaud croise le crocodile et le croque.

11

Fiche de différenciation niveau 1

Prénom : ....
Date : ....

 e qui fait e ou qui est muet

1. Colorie le « e » qui fait le son e en rouge et le « e » muet en gris.

petit	repas	dehors	donnée
la fée	ombrée	la dictée	devenir
une tablée	depuis	une idée	reliée

2. Entoure en rouge les « e » qui font e.
Compte le nombre de mots avec un « e » qui fait e.

☐ copie • recopie • copiée • copia • recopia • copiait

☐ regard • gardai • regardé • gardée • gardé • regardait

☐ tenable • entre • tenir • détenu • attenant • tiens

3. Pose ton doigt et tes yeux sur les lignes de couleur pour lire les mots.

tordue	la tarte	le dé	reporté
une idée	il tourne	l'idée	il reporte
un doute	il trouve	demandé	il apporte
la demande	elle retourne	il a donné	une portée

4. Raye le mot pirate qui s'est glissé dans chaque phrase.

Amine regarde un petit du arbre.

L'idée de Lola est sur de déguiser Kali en fée.

Fiche de différenciation niveau 1

Prénom : ....

Date : ....

 é

1. Coche les syllabes quand tu entends (é) et **compte**-les, comme dans l'exemple.

2. Entoure en rouge les « é » qui font (é).
   Compte le nombre de mots avec un « é ».

- arbre • était • crièrent • numéro • élève • diable
- relié • mangé • entre • entrée • entrent • partie
- cinéma • repas • marché • marchait • marche

3. Pose ton doigt et tes yeux sur les lignes de couleur pour lire les mots.

étude	écoute	crée	la Corée
étudie	écouté	écrit	le Népal
étudié	écoutée	écrite	le Sénégal
étudiée	écoutait	écrivait	le Pérou
étudièrent	écoutèrent	écrivirent	les États-Unis

4. Raye le mot pirate qui s'est glissé dans chaque phrase.

Cet été, Élodie est a allée au cinéma.
Elle a regardé un une film d'épouvante.

Fiche de différenciation niveau 1

Prénom : ....
Date : ....

er qui fait é

1. Coche les syllabes quand tu entends é.

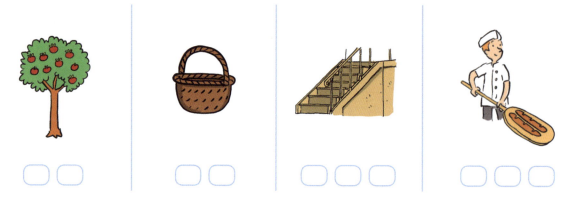

2. Entoure l'intrus dans chaque ligne.

premier • pommier • poirier • sablier • demandé

arrivé • allé • trouvé • crié • gouter • amené • soufflé

fumée • cheminée • élevée • décidé • tachée • purée

3. Pose ton doigt et tes yeux sur les lignes de couleur pour lire les mots.

postier	poirier	jouer
fermier	cerisier	vider
boucher	prunier	porter
jardinier	pommier	écarter
cuisinier	abricotier	demander

4. Recopie la phrase avec le bon mot.

Au marché, Aimée va chez le boucher, le charcutier et le prunier / le poissonnier / le portier.

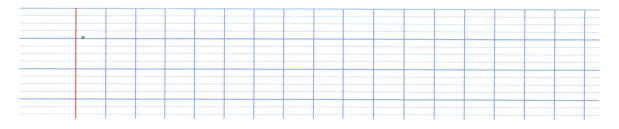

14

Fiche de différenciation niveau 1

Prénom : ....
Date : ....

 **ez qui fait é**

1. Entoure quand tu entends le son é.

oubliez	évitez	penserez
zèbre	souriez	nez
portez	préveniez	infirmerie
vide	retrouve	informiez

2. Entoure la faute dans chaque ligne.

vous savez • vous avez • vous prenez • vous penser

un panier • asser • un cahier • chez • un papier

vous ramenez • vous vibrez • vous élevé • vous finissez

3. Pose ton doigt et tes yeux sur les lignes de couleur pour lire les mots.

chez Boris   vous venez

chez le boucher   vous preniez

allez chez le boucher   vous vendriez

rendez-vous chez le boucher   nous ne partirez pas

4. Recopie la phrase avec le bon mot.

Vous achetez osez/assez de bonbons pour en donner à vos frères et sœurs.

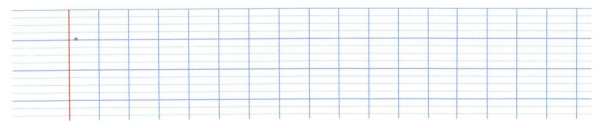

15

Fiche de différenciation niveau 1

Prénom : ....

Date : ....

1. Coche les syllabes quand tu entends è.

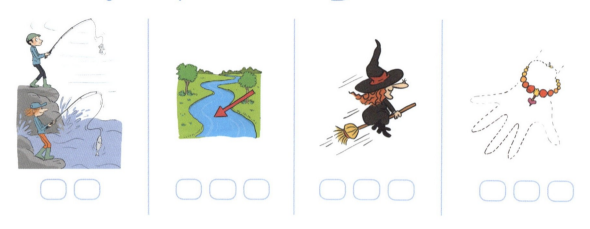

2. Écris l'intrus pour chaque ligne.

bonnet • arrêt • alphabet • sommet • filet _____

dernière • fermière • lumière • grenier • manière _____

chêne • tête • pêcheur • fenêtre • poussière • même _____

3. Pose ton doigt et tes yeux sur les lignes de couleur pour lire les mots.

un élève	des rêves	une bête
un lièvre	son pistolet	des arêtes
un têtard	trois poulets	des pêcheurs
un robinet	un tabouret violet	ils s'arrêtent

4. Entoure les différences avec la phrase modèle.

Les guêpes inquiètes s'échappent par la fenêtre.

■ LES GUÊPES INQUIÈTES S'ÉCHAPPENT PAR LA FENÊTRE.

■ Les guêpes inquiètes s'échappent par la fenêtre.

■ Les guêpes inquiètes s'échappent par la fenêtre.

Fiche de différenciation niveau 1

Prénom : ....

Date : ....

 en   em

1. Entoure le mot quand tu entends le son (an).

entre	tenace	ému	septembre
énorme	embrasse	remplacer	émerveillé
tenter	emmène	replace	comment

2. Compte le nombre de fois où le mot est écrit comme le modèle.

entends ☐	**remporter** ☐	**commence** ☐	**longtemps** ☐
entend	reporter	comence	longtemps
entendu	remportez	commence	longtemps
entends	remporter	commerce	longtemps
entand	remporter	commence	longtenps
entends	ramporter	commence	longtemps

3. Place ton doigt sur la ligne rouge et lit en colonne le plus vite possible.

temps	pense	rapide
tempère	dépense	rapidité
température	dépensier	rapidement
tempérament	dépensera	tranquillement

4. Entoure les différences avec la phrase modèle.

Elle attend les parents de l'enfant vêtu de blanc.

- Elle attends les parents de l'enfant vêtu de blanc.
- Elle attend les parents de l'enfant vétu de blanc.
- Elle attend les parents de l'enfent vêtu de blanc.

17

Fiche de différenciation niveau 1

Prénom : ....
Date : ....

1. Coche les syllabes quand tu entends o.

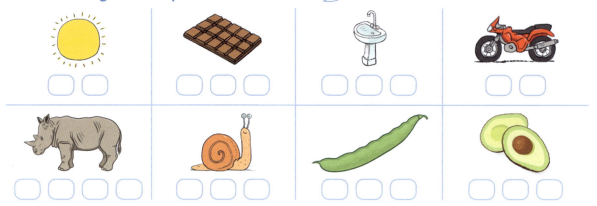

2. Compte le nombre de fois où le mot est écrit comme le modèle.

donne	pomme	fromage	trottoir
tonne	pomne	fromage	troitoir
donne	ponne	gromage	trottoire
donna	pomme	fomage	trottoir
done	qomme	formage	trottoir
donne	pomme	fromage	trattoir

3. Pose ton doigt et tes yeux sur les lignes de couleur pour lire les mots.

ose	croc	col	bon
pose	micro	colle	connais
chose	croque	collant	énorme
expose	crocodile	coloriage	dominos
suppose	microphone	collectionne	personne

4. Raye le mot pirate qui s'est glissé dans chaque phrase.

Les fèves de cacao sont dans la car cabosse. Les fèves sont grillées pour pur développer les arômes du chocolat. Elles me sont ensuite transformées en pâte de cacao.

Fiche de différenciation niveau 1

Prénom : ....

Date : ....

 on om

1. Colorie les « on » ou « om » qui font le son (on).

un melon	un monde	je chantonne	un concombre
une tonne	la mode	se prénomme	un trombone
une maison	la chanson	le prénom	se questionne

2. Compte le nombre de fois où le mot est écrit comme le modèle.

tomber ☐	**question** ☐	**monstre** ☐	**longtemps** ☐
tomer	qestion	monstre	lontemps
tomder	question	montre	longtemps
tombe	queston	monstre	longtamps
tomber	pestion	moustre	longtenps
tomber	question	monstre	longtemp

3. Lis les mots le plus vite possible.

une tomate	construire	un prénom
tomber	continuer	nommer
un conte	connaitre	mon surnom
le monde	prononcer	dénommer
un oncle	vous racontez	le pronom

4. Copie les phrases avec le bon mot.

Amine est à la mode / monde. Il pont / porte un pantalon long avec de nombreux boutons / bâtons.

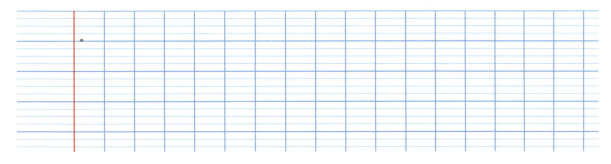

Fiche de différenciation niveau 1

Prénom : ....
Date : ....

 **oi   oin**

1. Colorie en rouge quand tu entends oi et en bleu quand tu entends oin.

une histoire	pointu	le mouchoir	la montre
un besoin	la patinoire	un oiseau	l'armoire
un ballon	un pont	nouveau	moindre

2. Entoure l'intrus dans chaque ligne.

voiture • trottoir • voisin • poitrine • vitrine

soin • rejoindre • troisième • lointain • groin • coincé

parfois • froides • autrefois • toutefois • quelquefois

3. Lis les mots le plus vite possible.

noir	doigt	foin
froid	adroit	rejoint
point	devoir	maison
moins	lointain	poisson
choisir	refroidir	noisette
éloigner	apercevoir	balançoire

4. Sépare les mots par un trait et écris la phrase.

Antoinechoisitlavoiturelamoinschère.

Fiche de différenciation niveau 1

Prénom : ....
Date : ....

 ou

1. Trace le chemin des mots où tu entends ou.

→ rouge	somme	personne	télévision
souvent	soudain	homme	contenir
soleil	bonjour	abonné	raconte
nordique	nourriture	découper	connait
content	normal	retournez	couronne →

2. Entoure le mot qui est présent plusieurs fois dans chaque ligne.

cœur • courir • course • coup • course • coursier

monstre • moustache • mousse • moustique • mousse

gourmand • gourmet • gourmette • gourmande • gourmet

3. Lis les mots le plus vite possible.

hibou	ours	route
autour	courte	goutte
trouver	souffle	journée
couleur	poupée	nouvelle
courage	poussent	grenouille
souvenir	doucement	couverture

4. Complète les phrases avec un des mots :

coucher • doucher • loucher • moucher

■ Quand tu es enrhumé, il faut te _____.

■ Je sens la fatigue venir, je vais me _____.

■ Après le sport, j'aime me _____.

■ Quand j'approche un objet trop près de mes yeux,

ça me fait _____.

Fiche de différenciation niveau 1

Prénom : ....
Date : ....

a

1. Coche les syllabes quand tu entends a.

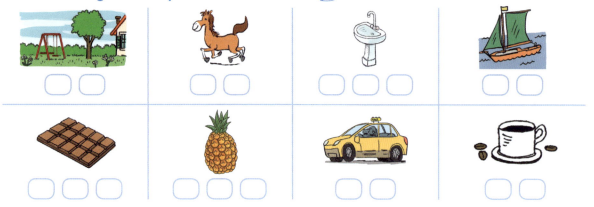

2. Écris le mot qui est présent plusieurs fois dans chaque ligne.

acheter • achat • achetée • achat • acheta • achète _____

demande • demanda • manda • demandé • demanda _____

imagine • imaginaire • imagination • imagina • imagine _____

3. Pose ton doigt et tes yeux sur les lignes de couleur pour lire les mots.

ça	chat	va	arriva
sac	jardin	alors	dragon
pas	village	cinéma	spectacle
chat	animal	avaient	rapidement
devra	madame	amusement	alphabétique

4. Lis en articulant.

- Sacha a acheté du chocolat pour son chat.
- L'animal de Maëlle a mal au mollet.

22

Fiche de différenciation niveau 1

Prénom : ....

Date : ....

 **au eau**

1. Entoure l'intrus dans chaque ligne.

aussi • forêt • beau • peau • nouveau • raté • râteau

robot • autoroute • applaudit • moto • autodictée

aussi • haute • aussitôt • saute • autrefois • restaurant

2. Trace en rouge le chemin des mots où tu vois « eau » et en bleu celui où tu vois « au ».

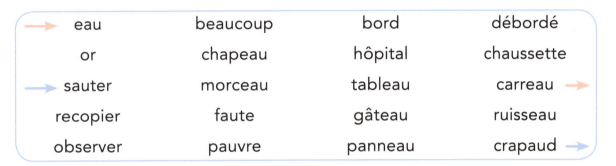

3. Pose ton doigt et tes yeux sur les lignes de couleur pour lire les mots.

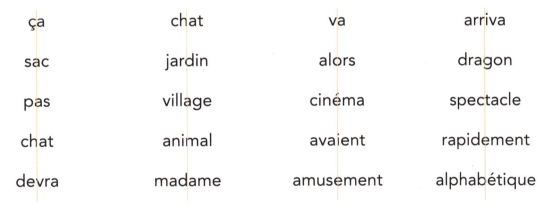

4. Lis en articulant.

- Dans le bureau du château, les rideaux ne sont pas très beaux.
- L'autruche se réchauffe avec ses chaussettes.
- Avec ce couteau, je coupe un morceau de gâteau.

Fiche de différenciation niveau 1

Prénom : ....
Date : ....

 al aux

1. Trace en rouge le chemin des mots où tu vois « al » et en bleu celui où tu vois « aux ».

journal	parle	oiseau	passa
chaque	carnaval	chacun	principal
voile	total	égaux	bocaux
corbeau	travaux	municipal	amicaux
chevaux	autruche	demanda	regarda

2. Souligne « al » en rouge et « au » en bleu.
Puis **lis** les mots le plus rapidement possible.

cheval • travaux • chevaux • canal • totaux • génial • verbal

principaux • postal • spéciaux • noyaux • métal • bocal • métaux

3. Pose ton doigt et tes yeux sur les lignes de couleur pour lire les mots.

mal	tuyaux	égal	oral
bal	travaux	idéal	vocal
canal	chevaux	signaux	spécial
bocal	journaux	familial	musical
hôpital	généraux	minéral	cristaux
carnaval	principaux	végétaux	minéraux

4. Complète le texte avec des mots parmi :

cheval • chevaux • génial • géniaux • principal
principaux • journal • journaux

Mamie lit le _____. L'article parle de _____ sauvages.

Elle le trouve vraiment _____.

24

Fiche de différenciation niveau 1

Prénom : ....

Date : ....

an am

1. Entoure le mot quand tu entends le son (an).
Compte-les par colonne.

grande	garder	maintenant	manière
camp	manège	vampire	danger
blanche	manque	beauté	ambulance

☐ ☐ ☐ ☐

2. Compte le nombre de fois où le mot est écrit comme le modèle.

pendant ☐	**demandée** ☐	**champignon** ☐	**rampant** ☐
pendent	demandé	campignon	rampant
pandant	demandée	champignons	ramppant
pendant	demendé	champinion	ranpant
pendant	demanbée	champignon	rampent
pandant	demandées	champignon	rampante

3. Pose ton doigt et tes yeux sur les lignes de couleur pour lire les mots.

enfant	laissant	devant
faute	tranches	pendant
manger	tranquille	penchant
flamber	traumatisé	champêtre
vampire	tranquillement	tranquillisée

4. Complète les phrases avec les mots de la leçon. Manuel page 30.

Nous sommes partis en _____ avec d'autres _____

de notre âge. Nous avons passé des heures à sauter sur le _____.

Une fois, Eliot est tombé dans les _____, il était tout taché.

25

Fiche de différenciation niveau 1

Prénom : ....
Date : ....

 i

1. Coche les syllabes quand tu entends i.

2. Écris le mot qui est présent plusieurs fois dans chaque ligne.

partie • partir • partant • partante • partir _____

nourriture • nourrir • nourrissant • nourris • nourriture _____

disparu • disparait • disparaissent • disparue • disparu _____

3. Pose ton doigt et tes yeux sur les lignes de couleur pour lire les mots.

si	mis	rire	pale
qui	petite	souris	plié
suis	cuisine	soupir	pluie
celui	animaux	réussir	poulie
suivre	différent	sourire	parapluie

4. Complète les phrases avec les mots de la leçon.   Manuel page 32.

Tatie nous a prévenues : dans _____ minutes,

nous allons au _____. Mais une fois couchées,

nous faisons trop de _____.

Fiche de différenciation niveau 1

Prénom : ....
Date : ....

 **ei ai**

1. Relie le mot à la syllabe où tu entends le son è.

peiné
affaire
fable
1ʳᵉ syllabe   portrait   2ᵉ syllabe
portant
maison
savait

2. Trace en rouge le chemin des mots avec « ei » et en bleu le chemin des mots avec « ai ».

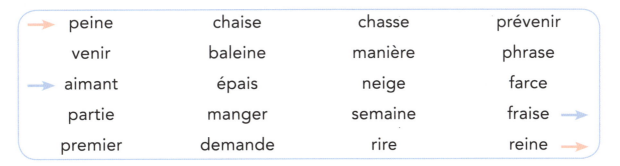

peine	chaise	chasse	prévenir
venir	baleine	manière	phrase
aimant	épais	neige	farce
partie	manger	semaine	fraise
premier	demande	rire	reine

3. Pose ton doigt et tes yeux sur les lignes de couleur pour lire les mots.

place	raison		peigne	
	aime	chatière		certaine
reine	araignée		donnerai	
	maman	renseigne		donneront
mauvais	prochaine		vétérinaire	

4. Sépare les mots par un trait et écris la phrase.

Amineaimeaidersamamieàlamaison.

Fiche de différenciation niveau 1

Prénom : ....

Date : ....

in im

1. Entoure le mot quand tu entends le son (in).
   Compte-les par colonne.

poliment	dessin	important	infirmière
impoli	chemin	printemps	innocent
appelé	simple	personne	médecin
☐	☐	☐	☐

2. Compte le nombre de fois où le mot est écrit comme le modèle.

installe ☐	**féminin** ☐	**impossible** ☐	**interrogatif** ☐
intalle	féminin	impassible	interrogatif
instable	féminine	impossible	interogatif
installe	féminim	inpossible	interrogatif
installé	féminin	impossible	intérogatif
installe	fémini	impossible	imtérogatif

3. Pose ton doigt et tes yeux sur les lignes de couleur pour lire les mots.

raisin	pression	simple
dinde	impression	simplet
chagrin	impressionné	simplets
agrippé	impressionnant	simplicité
grimpent	impressionnantes	simplement

4. Lis en articulant.

- Le voisin nous invite tous les matins.
- Impossible de répondre « non », pour lui c'est important.

Fiche de différenciation niveau 1

Prénom : ....
Date : ....

 **ain   aim   ein**

1. Entoure l'intrus dans chaque ligne.

ainsi • dessin • peintre • teint • grain

craintif • ceinture • plainte • étend • enceinte

plaindre • faim • demain • domine • empreinte

2. Trace en rouge le chemin des mots où tu vois « ain » et en bleu celui où tu vois « ein ».

plein	pelle	frein	rein
peindre	attendre	atteindre	étaient
tenant	teinture	châtain	crainte
neige	pain	fin	refrain
soudain	dinde	demanda	refait

3. Pose ton doigt et tes yeux sur les lignes de couleur pour lire les mots.

main	pleine	faim	métro
bain	copain	refrain	marocain
peinture	copines	affamé	maintenant
exprime	poulain	affirmé	lendemain
empreinte	parrains	africain	métropolitain

4. Sépare les mots par un trait et écris la phrase en ajoutant une virgule au bon endroit.

Cettesemainej'invitepleindecopains.

29

Fiche de différenciation niveau 1

Prénom : ....
Date : ....

 u

1. Relie le mot illustré à la syllabe où tu entends le son (u).

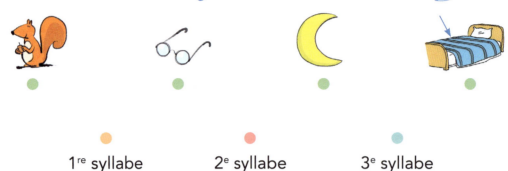

1ʳᵉ syllabe   2ᵉ syllabe   3ᵉ syllabe

2. Compte le nombre de fois où le mot est écrit comme le modèle.

disparu	répondu	vocabulaire	amusent
diparu	répondu	vocablaire	amusant
disqaru	répodu	vocabluaire	amusent
disparu	répondu	vocabulaire	amusen
disparu	répomdu	vocabilaire	amusent
dispari	répondu	vocabuluire	amuseit

3. Pose ton doigt et tes yeux sur les lignes de couleur pour lire les mots.

utile	perdu	coutume	support
utilité	plume	costume	supporter
utilisez	pourvu	costumier	supportera
utilisation	surprise	costumer	supportable
utiliseront	occuper	consommer	insupportable

4. Raye les lettres pirates qui se sont glissées dans chaque phrase.

- Ursule a perdui ses chaussures et sa ceinture.
- Pour éviter d'attraper un rhumpe, prends cette couverture.
- L'autruche a de grandes gplumes qui peuvent décorer les chapeaux.

Fiche de différenciation niveau 1

Prénom : ....
Date : ....

eu œu

1. Relie le mot illustré à la syllabe où tu entends le son eu.

1re syllabe   2e syllabe   4e syllabe

2. Compte le nombre de fois où le mot est écrit comme le modèle.

queues	bonheur	directeur	enchanteur
queu	bonheur	directeur	enchanteur
queues	bonhenr	directer	enchanteur
queses	bonheur	directeur	enchanter
queue	bonneur	directeure	encahtner
queues	bonheur	directeur	enchatneur

3. Lis les mots le plus vite possible.

pluie	curieux	pneu
pleuvoir	humeur	odeur
creuser	délicieux	envieux
cheveux	intérieur	nombreux
deuxième	hauteur	silencieux

4. Copie les phrases avec le bon mot.

- Quand j'étais petite, ma tante me chantait des boiteuses / berceuses.
- Le gratin de l'oncle d'Amine est délicieux / douceur.

31

Fiche de différenciation niveau 1

Prénom : ....

Date : ....

 s ou ss qui fait (s)

1. Relie le mot illustré à la syllabe où tu entends le son (s).

1ʳᵉ syllabe   2ᵉ syllabe   3ᵉ syllabe

2. Écris le mot qui est présent plusieurs fois dans chaque ligne.

message • massage • mésange • massage • masser _____

serpent • service • sérieux • service • sirène _____

chaise • chasser • chasse • chance • chaise _____

dentiste • instrument • artiste • serpent • artiste _____

3. Lis les mots le plus vite possible.

sel	histoire	assis
sens	observe	assister
sable	brusque	poisson
suivant	escargot	classeur
sauvage	masculin	passage
semaines	transforme	rossignol
seulement	personnage	maitresse

4. Copie les phrases avec le bon mot.

- Je me bosse / brosse les dents trois fois par jour.
- La maman de Lola lui a préparé une surpris / surprise pour son anniversaire.

32

Fiche de différenciation niveau 1

Prénom : ....

Date : ....

 **s muet**

1. Trace le chemin des mots où le « s » est muet.

réussit	répartis	autrefois	différentes
→ rouges	plusieurs	des bus	champs
un ours	la suite	simple	corps
solide	poster	rhinocéros	cornes
soulignez	majuscule	serpent	mauvais →

2. Entoure l'intrus dans chaque ligne.

tu vois • tu cries • tu savais • des poils • je voudrais

ses parents • jamais • les prénoms • tes parents • des couleurs

très • vers • hors • parfois • alors • des pages • puis

3. Lis les mots le plus vite possible.

points	gens	cornes
phrase	coups	ailleurs
groupes	grosses	dehors
mauvais	lesquels	gouttes
sommes	minutes	entends
différents	suivants	fenêtres
longtemps	sorcières	montagnes

4. Copie les phrases avec le bon mot.

- Une fois par semaine, les parents d'Amine font les cours / courses au marché.
- La maman de Lola lui a préparé une surpris / surprise pour son anniversaire.
- Kali aime monter sur les genoux d'Amine quand il est assise / assis.

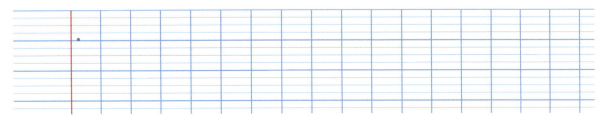

33

Fiche de différenciation niveau 1

Prénom : ....

Date : ....

 s qui fait (z)

1. Relie le mot illustré à la syllabe où tu entends le son (z).

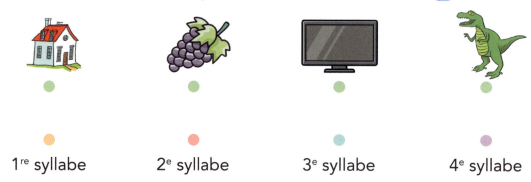

1re syllabe   2e syllabe   3e syllabe   4e syllabe

2. Colorie en bleu les lettres qui font le son (z) et en rouge celles qui font le son (s).

oiseaux • hommes • télévision • silencieux • toujours • déposer

désordre • longtemps • suivantes • heures • laissant • fraises

hasard • vers • saison • parenthèses • postal • chemise • ciseaux

passoire • amusante • musiques

3. Pose ton doigt et tes yeux sur les lignes de couleur pour lire les mots.

magasin	utilisant	amusé	
	poussa	voisins	étranges
cuisine	écraser	mésange	
	faisons	soupirer	pelouse
croisé	friandise	résultat	

4. Complète les phrases avec un des mots :

maison • maçon • froissés • frisés • croissant • croisant • viser

- Le matin, j'aime prendre un _____ au petit-déjeuner.
- Avec un arc, pour mettre la flèche dans la cible, il faut bien _____.
- Louise a les cheveux _____, elle a de jolies boucles.
- Le _____ construit notre _____ avec des briques.

34

Fiche de différenciation niveau 1

Prénom : ....
Date : ....

 z

1. Relie le mot illustré à la syllabe où tu entends le son (z).

1ʳᵉ syllabe   2ᵉ syllabe   3ᵉ syllabe

2. Écris le mot qui est présent plusieurs fois dans chaque ligne.

douze • quinze • treize • douze • quatorze _____

bronze • bronzé • bronzage • bronze • bronzée _____

zoo • bizarre • zébu • trapéziste • zébu _____

gazon • magazine • chimpanzé • mélèze • magazine _____

3. Lis les mots en suivant les flèches avec ton doigt.

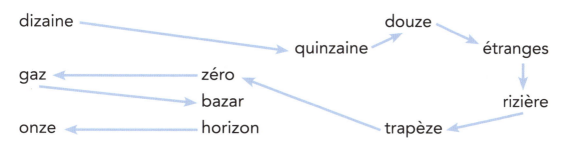

4. Raye les lettres pirates qui se sont glissées dans chaque phrase.

■ Au zoo, il y a une quinzaimne de zébus.

■ La chambre de Lola est en bagzar, il y a une dizaine de jouets au sol.

■ Amine est rentré bronzé de ses vacances au sqki.

Fiche de différenciation niveau 1

Prénom : ....
Date : ....

 e qui fait è

1. Relie le mot illustré à la syllabe où tu entends le son è.

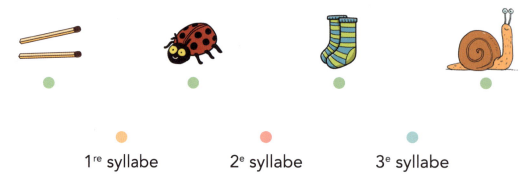

1ʳᵉ syllabe   2ᵉ syllabe   3ᵉ syllabe

2. Écris le mot qui est présent plusieurs fois dans chaque ligne.

adjectif • objecté • objecta • objet • objectif • objet _____

mouette • mouillette • mollet • mouette • omelette _____

domestique • domestiqué • maquette • domestiqué _____

3. Lis les mots en suivant les flèches avec ton doigt.

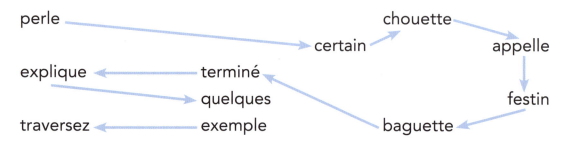

4. Complète les phrases avec un des mots :

appelle • jeter • travers • appelé • traverse • jette

■ Il faut toujours _____ ses déchets dans une poubelle.

■ J'ai _____ ma mère quand je suis arrivée chez ma tante.

■ Je ne _____ jamais la route tant que le bonhomme n'est pas vert.

36

Fiche de différenciation niveau 1

Prénom : ....

Date : ....

 q et k

1. Relie le mot illustré à la syllabe où tu entends le son (k).

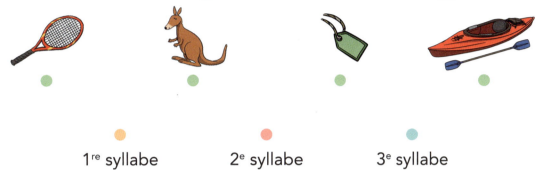

1ʳᵉ syllabe   2ᵉ syllabe   3ᵉ syllabe

2. Trace en rouge le chemin des mots où tu vois « k » et en bleu celui où tu vois « qu ».

chaque	pourquoi	permettre	débordé
certain	quartier	guêpe	cracher
magazine	magnifique	croquant	moucheron
kilomètre	klaxon	fabriquons	moustique
affectueux	baskets	kimono	skier

3. Lis les mots en suivant les flèches avec ton doigt.

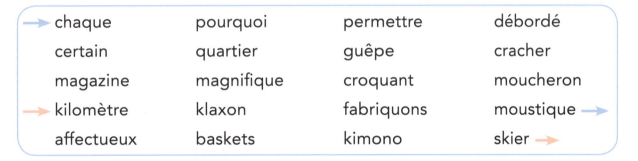

4. Lis en articulant.

- Le perroquet se moque de la casquette du coq.
- Le kangourou saute pendant des kilomètres grâce à ses belles baskets.

Fiche de différenciation niveau 1

Prénom : ....
Date : ....

 c qui fait (k)

1. Entoure le mot quand tu entends le son (k).

corde	capturer	caravane	nourriture
couple	crocodile	lumière	capitaine
prudent	inspecteur	beauté	minuscule
complète	cultiver	cadeaux	circulation

2. Écris le mot qui est présent plusieurs fois dans chaque ligne.

canal • cheval • cochon • canard • cheval _____

cousine • courageux • écrivent • cousine _____

sec • choc • trac • sac • clic • clé • trac _____

3. Pose ton doigt sur la ligne rouge et lis en colonne le plus vite possible.

croisé	castor	côté	croix
cruelle	couvrir	camp	couloir
haricot	carotte	collier	écriture
coiffeur	rencontre	octobre	éclatées
raconter	croquette	costume	encadre
locomotive	protection	éclairons	recouvre

4. Copie les phrases avec le bon mot.

- Pour faire cuire les pâtes, Lola prend une cabriole / casserole.
- Pour qu'il ronronne, il faut caresser / carapace le chat longtemps.
- Les colliers / cactus sont des plantes qui s'arrosent peu.

Fiche de différenciation niveau 1

Prénom : ....

Date : ....

 ç

1. Relie le mot illustré à la syllabe où tu entends (s).

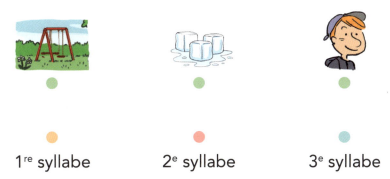

1re syllabe   2e syllabe   3e syllabe

2. Trace en rouge le chemin des mots où tu vois « c » qui fait le son (k) et en bleu « ç » qui fait le son (s).

→ comment	parle	commença	hameçon →
lecture	changèrent	aperçu	discutèrent →
claire	capable	lança	complément
→ façade	construction	menaçait	médicament
façon	française	écraseront	mercredi

3. Place ton doigt sur la ligne et lis.

garçon, *collant*, **collage**, reçu, **plaçons**, français, *cuisineront*, **chaise**, balançoire, **calculette**, maçon, *contre*, **déçu**, reçoit, commerçant, suçant

4. Complète les phrases avec les mots de la leçon.   Manuel page 44.

Pour jouer à la _____ , nous nous poussons chacun notre tour

avec mon frère. Tous les soirs, nous apprenons notre _____

de mathématiques. Calimots est un manuel de _____.

Nous n'avons pas _____ le colis que nous avions commandé.

39

Fiche de différenciation niveau 1

Prénom : ....

Date : ....

 c qui fait s

1. Copie les mots dans la bonne colonne.

cerise • copain • lancer • décorer • délicieux
flacon • cygne • reçu • reculer

s	k
_____	_____
_____	_____
_____	_____

2. Compte le nombre de fois où le mot est écrit comme le modèle.

bicyclette ☐	**saucisson** ☐	**difficiles** ☐	**sorcières** ☐
biciclette	sacusson	difficles	sorcières
byciclette	saucisson	dificiles	sorcière
bicyclette	saucisson	difficiles	sorcières
bicyclete	saucisson	difficiles	sorcière
bicyclette	saucisoson	dificiles	sorcires

3. Place ton doigt sur la ligne et lis.

avance, *contraire*, **naissance**, s'élancer, **placard**, cartons, *électricité*, **couvercle**, recette, morceau, enfonçons, *parc*, **déçu**, coton, **commerçant**, effaçait, *médecin*, **caresser**, médicament

4. Écris la réponse à chaque devinette.

Manuel page 46.

■ Je suis un fruit jaune et acide. ▶ _____

■ Je suis le fils du roi. ▶ _____

■ À la télévision, il y en a entre deux émissions. ▶ _____

Fiche de différenciation niveau 1

Prénom : ....
Date : ....

 t qui fait (s)

1. Copie les mots dans la bonne colonne.

attention • solution • maintenant • addition • attentif
appétit • spatial • question • patience

(s)	(t)

2. Compte le nombre de fois où le mot est écrit comme le modèle.

dictionnaire ☐	définition ☐	impatience ☐	national ☐
dictionnaire	définition	impatinece	nationall
dictionanire	définition	impatinece	national
dictionnaire	défintion	impatience	national
dictionnaire	déintion	imaptinec	national
dictionanire	définition	impatient	nationale

3. Place ton doigt sur la ligne et lis.

ponctuation, *téléphone*, **collection**, action, <u>tromper</u>, matériel, *opération*, **patient**, <u>instrument</u>, **condition**, action, *métier*, **habitation**, représenter, **réaction**, <u>fantôme</u>, *potion*, **photos**

4. Complète les phrases avec les mots de la leçon.

Manuel page 46.

- À l'école, après le cours, nous partons en _____.

- Je fais une _____ d'autocollants, j'en ai plus de cent.

- Parfois, Léo est _____, il voudrait que tout se fasse plus rapidement.

Fiche de différenciation niveau 1

Prénom : ....
Date : ....

 n   nn

1. Copie les mots dans la bonne colonne.

tunnel • maison • requin • honneur • ensuite
garçon • cousin • demande

n	an	on	in

2. Trace en rouge le chemin des mots où tu vois « n » et en bleu celui où tu vois « nn ».

→ lunettes	nourriture	crocodile	cage
ciseaux	fenêtre	promenade	nécessaire
prisonnier	honneur	questionnes	terminé →
→ dictionnaire	quartier	panne	bonnet →

3. Pose ton doigt et tes yeux sur les lignes de couleur pour lire les mots.

animal	**indiquer**	**important**	nombreuse
convient	baleine	longue	*cependant*
mince	*ration*	numéroté	**fantôme**
ventre	inconnue	*lundis*	action

4. Complète les phrases avec un des mots :

enfants • fanées • vingt • vignes • panne • venue

- Les _____ jouent dans les _____ et mangent du raisin.
- Les fleurs sont _____ car nous avions oublié de les arroser.
- Nous avons eu une _____ de voiture, il a fallu attendre la dépanneuse _____ minutes.

Fiche de différenciation niveau 1

Prénom : ....
Date : ....

 m mm

1. Copie les mots dans la bonne colonne.

monde • impoli • parfum • compté • ramper • pomme • remplacé

🔊 m	🔊 an	🔊 on	🔊 in

2. Trace en rouge le chemin des mots où tu vois « m » et en bleu celui où tu vois « mm ».

magique	montées	aperçu	deuxième →
plusieurs	matériel	gazelle	formation
saisir	costume	chameau	temps
→ commune	immédiat	assise	somme →
quitter	sommaire	flamme	commandé

3. Pose ton doigt et tes yeux sur les lignes de couleur pour lire les mots.

machine	**bambou**	combien	**recommence**
sommet	dommage	*novembre*	comptine
tremble	*immobile*	**grammaire**	embrassé
commun	légumes	trampoline	*flambée*
fumée	**emporté**	imprudent	**humblement**

4. Complète les phrases avec les mots de la leçon.

Manuel page 48.

■ J'ai bientôt terminé mon texte sur l'ordinateur, je vais pouvoir l'_____.

■ Quand il pleut, l'air est _____.

■ Mes cheveux sont _____, je _____ à un hérisson.

43

Fiche de différenciation niveau 1

Prénom : ....
Date : ....

en/em   an/am   in/im   un/um   on/om

1. Colorie en orange les lettres qui font le son (an), en bleu celles qui font le son (on) et en vert celles qui font le son (in).

pendant • tombée • semble • chacun • télévision • humble
chanson • présent • remplira • dessin • danser • lentement
imposé • ramper • complément • tremblant • impression

2. Écris le mot qui est présent plusieurs fois dans chaque ligne.

encore • énorme • entier • envie • entier _____

viande • vendues • venues • viandes • vendues _____

mince • minées • manies • mince • menu _____

trempé • fermé • terminé • temps • trempé _____

3. Pose ton doigt et tes yeux sur les lignes de couleur pour lire les mots.

exemple	bambin	**combien**	attention
flambant	embarqué	crampons	*emprunt*
timbre	dauphin	*pansement*	**imprimerie**
questions	*inspecter*	immense	remplaçait
intérieur	**imprévu**	empêcher	**renseignez**

4. Copie les phrases avec le bon mot.

- Le médecin exemple / examine mon ventre.
- De grandes inventions / tentations ont été trouvées par Léonard de Vinci.
- Walter parle pendant / souvent en anglais.

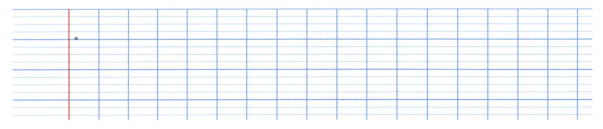

44

Fiche de différenciation niveau 1

Prénom : ....

Date : ....

ain ian ein ien

1. Colorie en orange les lettres qui font le son « an »
et en vert celles qui font le son « in ».

criant • plein • demain • riant • peinture • maintenant • atteint

confiant • américain • souriant • teint • insouciant • certain

mendiant • grain • contraint • variantes • éteindre • rêvant

2. Trace en rouge le chemin des mots où tu vois « ain »,
en bleu celui où tu vois « ian » et en vert celui où tu vois « ein ».

3. Pose ton doigt et tes yeux sur les lignes de couleur pour lire les mots.

freins	teinture	romains	copiant
pain	forain	éteindra	*prochain*
terrifiant	confiance	**criant**	**feinter**
ceinture	*souvient*	soutien	ancien

4. Copie les phrases avec le bon mot.

- Le grand-père d'Amine a un problème au rein / rien.
- En plein / pliant la tente, j'ai retrouvé le livre que j'avais perdu.

45

Fiche de différenciation niveau 1

Prénom : ....
Date : ....

 **-nt**

1. Copie les mots dans la bonne colonne.

suivant • ils sauront • ils forment • ils décideront • il sent
elles pourront • ils pensent • en utilisant • elles massent

✗	on	an

2. Entoure l'intrus dans chaque ligne.

ils vivent • elles savent • ils prennent • partant • ils aiment
ils étaient • elles avaient • ils jouent • elles allaient • elles pensaient
ils sont • elles font • nous serons • ils auront • elles prendront

3. Pose ton doigt et tes yeux sur les lignes de couleur pour lire les mots.

ils furent	**ils disent**	elles portent
elles doivent	elles jouent	*les parents*
ils servent	ils allaient	**ils viendront**
il vient	*elles seront*	**en passant**
elles appellent	en mettant	l'appartement

4. Complète les phrases avec les mots de la leçon.

- L'année prochaine, les élèves de cette classe _____ en CE2.
- Zara et Simon _____ de très bonnes vacances chez Sarah.
- Gilles et Léa _____ leurs devoirs dès qu'ils rentrent de l'école.

Fiche de différenciation niveau 1

Prénom : ....
Date : ....

-ment

1. Écris le mot intrus de chaque ligne.

lentement • moment • dorment • simplement _____

document • délicatement • également • transforment _____

vivement • déforment • aiment • germent _____

informent • surement • aliment • sentiment _____

2. Compte le nombre de fois où le mot est écrit comme le modèle.

tellement	évènement	exactement	vivement
telement	évènement	exactenent	vivemnt
tellement	évènment	ecactement	vivement
tellement	evènement	exatement	vivement
tellemment	évènement	axactement	vivvmnet
tellement	évènnemnt	exactement	vivement

3. Lis les mots en suivant les flèches avec ton doigt.

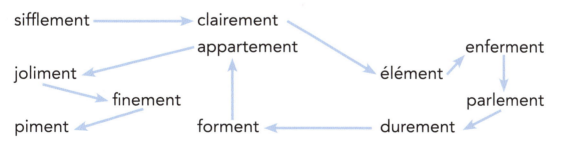

4. Complète les phrases avec les mots de la leçon. Manuel page 52.

- Les parents _____ les fenêtres de la voiture pour ne pas avoir froid.
- Sam parle un peu le français, il faut lui parler _____ pour qu'il comprenne.
- Marie m'a dit que j'étais bien habillé, j'aime recevoir des _____.

Fiche de différenciation niveau 1

Prénom : ....
Date : ....

g qui fait (g)

1. Relie le mot illustré à la syllabe où tu entends le son (g).

1ʳᵉ syllabe   2ᵉ syllabe   3ᵉ syllabe

2. Colorie la lettre « g » en rouge.

grandes • jeter • légumes • singulier • projet • orthographe
programme • négatif • dragon • gardien • accorder • aggraver
paqueter • organisation • désagréable • interrogative • accepte
grincement • gouvernement

3. Lis les mots en suivant les flèches avec ton doigt.

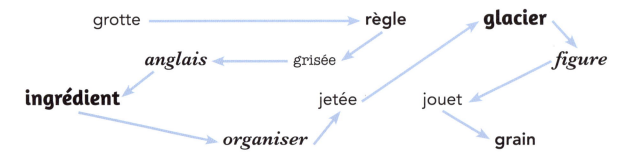

4. Copie les phrases en corrigeant les erreurs.

La sœur de Billy recarde un dessin animé.

Lilou a trouvé le progarmme du spectacle.

48

Fiche de différenciation niveau 1

Prénom : ....

Date : ....

 gu

1. Entoure le mot quand tu entends le son (g). **Compte**-les par colonne.

glace	naviguer	organise	sanguin
judo	guêpe	déjeuner	déguster
guerrier	régulier	marguerite	catalogue
☐	☐	☐	☐

2. Colorie les lettres « gu » en rouge et « g » en bleu.

langue • malgré • conjuguer • aiguille • jongler • rajouter
guider • grâce • distinguer • chagrin • figuier • goutte
guillemets • vagues • négatif • bague • guetter • galette

3. Lis les mots le plus vite possible.

guéri	gouter	guide
jambe	aiguise	janvier
glisser	ajouter	voguer
fatigué	fougue	intrigue
guérira	mangue	muguet
dialogue	guitariste	magasin
rugueuse	guérisseur	marguerite

4. Copie les phrases en corrigeant les erreurs.

Au bout de la rue, il faut prendre à guauche.

La file d'attente est très longe.

Fiche de différenciation niveau 1

Prénom : ....
Date : ....

gn

1. Trace en rouge le chemin des mots où tu entends (gn) et en bleu celui où tu vois « g » ou « gu » qui fait le son (g).

→ montagne   désigner   adjectif   jardiner
  toujours   magnifique   compagnie   baignées
  jalousie   jasmin   trajet   éloignement →
→ longue   grimper   jeter   ajusté
  rejoint   agréable   pirogue   jaguar →

2. Écris le mot intrus de chaque ligne.

signe • sigle • signal • soigne • signer _____

éloigne • grogner • souligné • guérie • craigne _____

grignote • araignée • empoigne • agréable • châtaigne _____

3. Pose ton doigt et tes yeux sur les lignes de couleur pour lire les mots.

désigné		soigne		aligne	
	gagne		poignée		éloigné
baigner		griffé		saigner	
	tigré		accompagne		dégâts
peigne		cogné		cligné	

4. Copie les phrases avec le bon mot.

- Pour se coiffer, Lola utilise un pagne / peigne.
- Léo n'a pas compris les compagnes / consignes.
- Victor s'est cogné / cygne la tête.

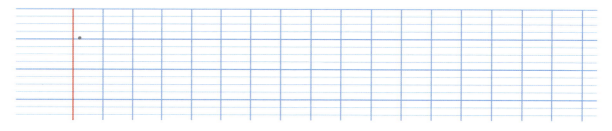

Fiche de différenciation niveau 1

Prénom : ....

Date : ....

 g qui fait j

1. Copie les mots dans la bonne colonne.

âge • goutte • guidait • logement • changer • grave
agir • grenier • figure • fragile

j	g
___	___
___	___
___	___

2. Compte le nombre de fois où le mot est écrit comme le modèle.

gentils ☐	auberge ☐	agitation ☐	étrangères ☐
gentil	aberge	agitation	étrangère
gentill	auberge	agiation	étranger
jentil	aubergge	agittation	étrangères
geantil	auberge	agitation	atrangère
gentils	auberge	agitotion	étrangères

3. Place ton doigt sur la ligne et lis.

passage, *campagne*, **légère**, images, **grognant**, message, *enseigner*, **danger**, partager, **journaux**, étrange, *linge*, **figuré**, fromage, **agneaux**, rédiger, *jeunesse*, **changement**, désignent, étagère

4. Complète les phrases avec les mots de la leçon. Manuel page 56.

- Le sorcier utilise une baguette _____ pour jeter des sorts.
- Quand je suis tombé, je me suis égratigné le _____.
- Il faut _____ des fruits et des légumes pour être en forme.

51

Fiche de différenciation niveau 1

Prénom : ....
Date : ....

 h

1. Copie les mots dans la bonne colonne.

histoire • chambre • véhicule • mouchoir • approcher • dehors

« h » muet	ch

2. Compte le nombre de fois où le mot est écrit comme le modèle.

habitude ☐	**souhaitée** ☐	**malheureux** ☐	**s'habiller** ☐
habiture	souhaité	malhereux	s'ahbiller
habitude	souhaitée	malheurex	s'habuiller
habitudes	souhaitée	malheureux	s'habiller
habitud	souhaitées	mahleurex	s'abiller

3. Pose ton doigt et tes yeux sur les lignes de couleur pour lire les mots.

hache   horloge   **humaine**
honnête   cahier   humidité
haricot   hélicoptère   chute
chorizo   menthe   envahie

4. Complète les phrases avec un des mots :

chaud • haut • baleine • haleine • zéro • héros • huile • tuile

- En _____ de la montagne, le point de vue est magnifique.
- Le matin avant de se lever les dents, on a une mauvaise _____.
- Spiderman est le _____ de tous les enfants.
- Avec la tempête une _____ s'est envolée du toit.

Fiche de différenciation niveau 1

Prénom : ....
Date : ....

 ph

1. Copie les mots dans la bonne colonne.

phare • parade • alphabet • horloge • téléphone • réchauffer
rhume • strophe • humain • hésiter • triomphe • horloger

🔊 f	❌ « h » muet

2. Écris le mot intrus de chaque ligne.

orthographe • choisi • sphère • trophée • dauphin _____

phoque • agrafeuse • triomphal • éléphant • catastrophe _____

orphelin • graphique • phares • parapente • phasmes _____

3. Pose ton doigt et tes yeux sur les lignes de couleur pour lire les mots.

phrase	photo	**phénomène**
téléphone	orthographe	*phare*
haricot	pharmacie	téléphérique
éléphant	méthodes	**théâtre**
méthode	**dauphin**	cligné

4. Complète les phrases avec les mots de la leçon.

 Manuel page 58.

- La poésie est composée de différentes _____.
- L'_____ est composé de six voyelles et vingt consonnes.
- Nous sommes allés chercher les médicaments à la _____.

Fiche de différenciation niveau 1

Prénom : ....
Date : ....

 ill

1. Copie les mots dans la bonne colonne.

vrille • ville • utile • bille • fragile • fille • quille • habile

ill	il

2. Compte le nombre de fois où le mot est écrit comme le modèle.

chenille ☐	croustille ☐	maquille ☐	anguille ☐
chenile	croustille	maquille	aguille
chenille	crouteill	maquile	aiguille
chenilles	croutille	maquille	naguille
chenille	croustille	maqille	anguille

3. Pose ton doigt et tes yeux sur les lignes de couleur pour lire les mots.

frétille	mordille	éparpille	quadrille
facile	vrille	pétille	sautille
jonquille	huile	chenille	imbécile
tortille	égosille	agile	gentille
filée	grille	camomille	pastille

4. Complète les phrases avec un des mots :

chaud • haut • baleine • haleine • zéro • héros • huile • tuile

- Ce magicien est très _____ avec ses cartes.
- La _____ d'attente est trop longue pour aller au cinéma.
- La _____ se transforme en papillon quand elle sort de sa chrysalide.

Fiche de différenciation niveau 1

Prénom : ....
Date : ....

ail eil ouil euil

1. Relie les dessins au son que tu entends.

ail   eil   euil   ouil

**2. Trace en rouge le chemin des mots où tu vois « eil »,
en bleu celui où tu vois « euil » et en vert celui où tu vois « ouil ».**

ferraille	fauteuil	groseille	éveil →
→ appareil	sommeil	chevreuil	velu
chien	gardien	écureuil	s'agenouille →
foule	chatouille	trouille	veuille
→ fouille	boule	taille	feuille

3. Pose ton doigt et tes yeux sur les lignes de couleur pour lire les mots.

travail	conseil	**bouteille**	**trouvaille**
soleil	*portail*	andouille	*débarbouille*
souillé	feuilleton	gouvernail	oseille
surveillé	bouillie	écureuil	*deuil*

4. Copie les phrases en corrigeant les erreurs.

■ Ferme la boutelle de lait après t'être servi.

■ J'aime faire des combats de chatoulles avec ma sœur.

Fiche de différenciation niveau 1

Prénom : ....
Date : ....

ill et i en milieu de mot

1. Copie les mots dans la bonne colonne.

fillette • filèrent • brillante • tria • grillage • pliait
vrillée • silence • skièrent • éparpillés • pria

ill	i

2. Entoure l'intrus dans chaque ligne.

aiguille • cheville • bille • bilan • cédille
supplièrent • cendrier • vitrier • briller • sablier
quatrième • s'écrièrent • appuyèrent • ouvrière • dernière

3. Pose ton doigt et tes yeux sur les lignes de couleur pour lire les mots.

brille	vieillissement	fièvre	piéton
riait	sieste	crièrent	écarquillé
souligna	sérieusement	fuyèrent	essuyé
étudia	visionna	curieux	veillera

4. Copie les phrases en corrigeant les erreurs.

■ Mamie lui a conseilé de mettre du beurre dans sa tarte aux pommes.
■ La laison téléphonique est coupée à cause de la tempête.

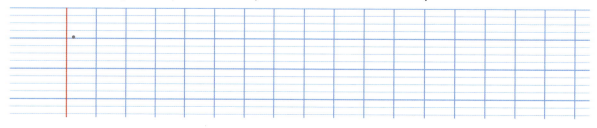

Fiche de différenciation niveau 1

Prénom : ....
Date : ....

 y

1. Copie les mots dans la bonne colonne.

pyjama • crayon • cymbale • voyage • nettoyer • thym
jury • système • joyeux • sympathique • balayer

🔊 i	🔊 oi	🔊 in	🔊 è

2. Compte le nombre de fois où le mot est écrit comme le modèle.

envoyer ☐	**gymnase** ☐	**effrayant** ☐	**olympique** ☐
ebvoyé	gimnase	effrayant	olympique
envoyé	gymnase	effrayante	olympique
envoyer	gynnase	effrayants	olimpique
envojer	gymnase	effraynt	ollympique

3. Pose ton doigt et tes yeux sur les lignes de couleur pour lire les mots.

tuyau	mystère	**voyons**	**envoyant**
fuyez	*stylo*	bicyclette	hyène
voyage	essayé	yaourt	paysanne
gym	joyeuse	soyons	*symphonie*

4. Pour chaque phrase, entoure le bon mot.

■ Quand on n'a plus de mine, il faut tailler / payer son crayon.

■ À la cantine, les enfants sont appuyés / bruyants.

57

Fiche de différenciation niveau 1

Prénom : ....
Date : ....

 x

1. Copie les mots dans la bonne colonne.

dix • taxi • soixante • existent • cheveux
exemplaire • extérieur • morceaux

✗ muet	🔊 gz	🔊 s	🔊 ks

2. Souligne la lettre x en fin de mot et entoure-la en rouge quand elle est muette.

exacte • prix • index • exploit • ceux • dixième
six • heureux • boxeur • vieux • cailloux

3. Lis les mots en suivant les flèches avec ton doigt.

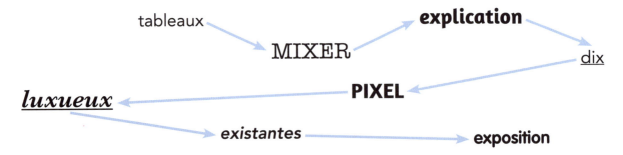

4. Copie les phrases avec le bon mot.

■ Ce gâteau est exquis / exclamation.
■ Elle est arrivée en deux / deuxième position sur la ligne d'arrivée.

Fiche de différenciation niveau 1

Prénom : ....
Date : ....

w

1. **Copie** les mots dans la bonne colonne.

clown • wrap • wifi • weekend • show • wagon

v	w	ou	muet

2. **Relie** le mot à la syllabe où tu vois le « w ».

interview   édelweiss   kiwi   sandwich   western

1re syllabe   2e syllabe   3e syllabe

3. **Compte** le nombre de fois où le mot est écrit comme le modèle.

tramway ☐	**wapiti** ☐	**William** ☐	**waterpolo** ☐
tramway	vapiti	William	*waterpolo*
tramway	**wapitis**	Wiliam	waterpolo
trammay	wapiti	**Wiliamm**	**waterpolo**
tramai	**wapitit**	*Wailliam*	waterpolo

4. **Complète** les phases avec les mots de la leçon.

- Pour le piquenique, j'ai fait des _____ aux tomates et au fromage.
- Comme j'ai froid, je vais remettre mon _____.
- Le train est complet, mon ami est assis dans le _____ suivant.

59

Fiche de différenciation niveau 1

Prénom : ....
Date : ....

Mots anglais (1)

1. Copie les mots dans la bonne colonne.

gag • rap • coach • snack • goal • match

2. Entoure le mot qui a une erreur, puis écris-le correctement.

Manuel page 66.

un gag • le footbal • un snack • stop _____

le surfe • un puzzle • la boxe • le rugby _____

un holdup • le ketchup • un cawboy • le bacon _____

3. Lis les mots en suivant les flèches avec ton doigt.

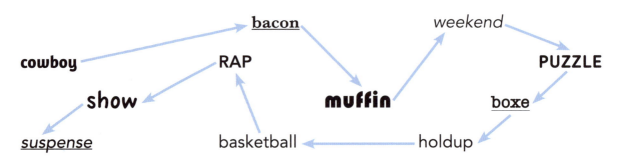

4. Copie les phrases en complétant avec le bon mot de la leçon.

- Le goat / goal a intercepté toutes les balles.
- Ce midi, je mangerais bien un holdup / hotdog.

Manuel page 66.

Fiche de différenciation niveau 1

Prénom : ....
Date : ....

Mots anglais (2)

1. Copie les mots dans la bonne colonne.

pullover • look • rollers • cool • jockey • hockey • fastfood

🔊 o	🔊 ou

2. Entoure le mot qui a une erreur, puis écris-le correctement.

 Manuel page 66.

cool • shoping • jockey • pullover _____

legging • chalenge • weekend • fastfood _____

express • rolleur • leader • stress _____

3. Lis les mots en suivant les flèches avec ton doigt.

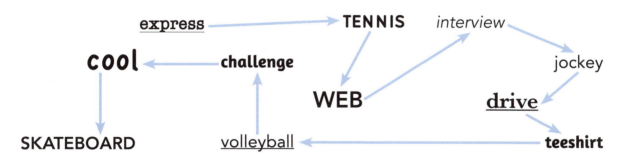

4. Copie les phrases en corrigeant les erreurs.

La championne va bientôt donner une intervieu.

Nous allons jouer la pièce devant le public, cela me strese.

Fiche de différenciation niveau 1

Prénom : ....

Date : ....

Révision (1)

1. Colorie en rouge les lettres qui font le son `an`.

récipient • champignon • emménager • championnat • remémorer
réfléchissant • s'émerveiller • malheureusement

2. Compte le nombre de fois où le mot est écrit comme le modèle.

stocker ☐	Moyen Âge ☐	préhistorique ☐
stocker	Moyen-Age	préistorique
shocker	**Moyenage**	préhistorique
STOCKER	*Moyen Âge*	**préghistrique**
stooker	Moyen-Age	*préhistorique*
stoquer	*Moyen-Ages*	préhistorique

3. Lis les mots en suivant les flèches avec ton doigt.

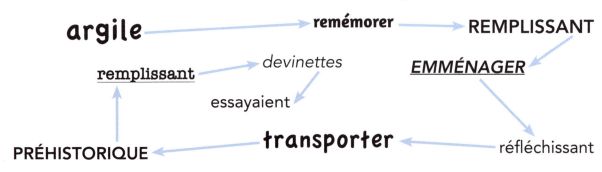

4. Écris la réponse à chaque devinette.

- On me trouve en forêt à l'automne. ▸ _____
- Terre qui sert à sculpter ou à modeler. ▸ _____
- Quand on entre dans un nouvel appartement. ▸ _____
- Rencontre sportive où on peut gagner une coupe. ▸ _____

Manuel page 68.

Fiche de différenciation niveau 1

Prénom : ....

Date : ....

Révision (2)

1. Colorie en rouge la lettre « e » qui fait le son è.

estimer • économie • cyclable • souterrain • croustilla

extérieur • indispensable • absorbait • vitesse • germination

2. Entoure le mot qui a une erreur, puis **écris**-le correctement.

croissant • contient • contenple • croustille _____

croisance • phénomène • humidité • soupirait _____

humble • campaniard • germination • souterrain _____

3. Place ton doigt sur la ligne et **lis**.

humidité, **campagne**, cyclable, *indispensable*, planter, **absorbé**, soupir, TERRAIN, germer, *gonfler*, partageant, **portage**, enveloppe, égrainer, **extérieur**, croustillantes, **apparaitre**, se déchire, aménager

4. Copie les phrases en complétant avec le bon mot de la leçon.

- L'éponge _____ l'eau qui a coulé sur la table. Manuel page 68.
- Cette plante ne supporte pas d'être dans les maisons, c'est une plante d'_____.
- La piste _____ est réservée aux vélos.

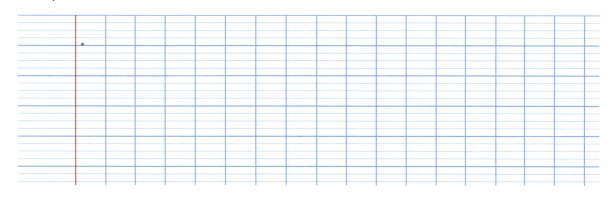

63

Fiche de différenciation niveau 1

Prénom : ....
Date : ....

 **Révision (3)**

1. Copie les mots dans la bonne colonne selon le son que fait la lettre « t ».

yaourt • impatience • insouciant • estomac • publicité • reviendrait • emprunté

🔊 t	🔊 s	🔇 muet

2. Compte le nombre de fois où le mot est écrit comme le modèle.

ennuyeux ☐	estomac ☐	photophore ☐	avançaient ☐
enuyeux	estoma	*photofore*	avançaient
enneueyx	**estomac**	photophore	**avançait**
ennyeux	estommac	fotophore	AVANÇAIENT
ENNUYEU	éstomac	**photophore**	*avançait*

3. Lis les mots en suivant les flèches avec ton doigt.

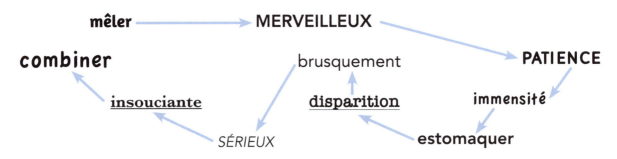

4. Écris la réponse à chaque devinette.

Manuel page 70.

- Je suis en rouleau, je sers à coller. ▸ ....
- Je suis l'organe qui reçoit les aliments que tu manges. ▸ ....

Fiche de différenciation niveau 1

Prénom : ....

Date : ....

Révision (4)

1. Indique si tu prononces les lettres « ment » à la fin des mots :
copie les mots dans la bonne colonne.

fermement • doucement • ils ferment • sèment • vêtement • aiment

muet	man

2. Écris le mot intrus de chaque ligne.

page • coloriage • grignotage • imaginer _____

nageoire • sanguin • plongeons • dirigeant _____

merveille • pétillant • village • veiller _____

3. Pose ton doigt et tes yeux sur les lignes de couleur pour lire les mots.

camp	**accès**	*excessif*	*bienvenue*
camembert	succès	excitant	*bienheureux*
compagnon	accepter	**expliquer**	ébène
gage	*accident*	**exercice**	**bain**

4. Copie les phrases en corrigeant les erreurs.

■ La surprise a eu beaucoup de accès / succès.

■ L'adjectif / objectif est de retrouver le trésor de Katanka.

65

Sommaire

Tableaux d'imprégnation (niveau 2)

UNITÉ 1	t, d	p. 68
	ch, j	p. 69
	p, b	p. 70
	f, v	p. 71
	pl, fl, cl, gl	p. 72
	br, pr, cr, tr, vr, dr	p. 73
	e qui fait (e) et e muet	p. 74
	é	p. 75
	er qui fait (é)	p. 76
	ez qui fait (é)	p. 77
	è, ê, et qui font (è)	p. 78
	en, em	p. 79
UNITÉ 2	o	p. 80
	on, om	p. 81
	oi, oin	p. 82
	ou	p. 83
	a	p. 84
	au, eau	p. 85
	al, aux	p. 86
	an, am	p. 87
	i	p. 88
	ei, ai	p. 89
	in, im	p. 90
	ain, aim, ein	p. 91
UNITÉ 3	u	p. 92
	eu, œu	p. 93
	s ou ss qui fait (s)	p. 94
	s muet	p. 95
	s qui fait (z)	p. 96
	z	p. 97
	e qui fait (è)	p. 98
	q et k	p. 99
	c qui fait (k)	p. 100
	ç	p. 101
	c qui fait (s)	p. 102
	t qui fait (s)	p. 103

UNITÉ 4	n, nn	p. 104
	m, mm	p. 105
	en/em, an/am, in/im, un/um, on/om	p. 106
	ain, ian, ein, ien	p. 107
	Les mots qui se terminent par -nt	p. 108
	Les mots qui se terminent par -ment	p. 109
	g qui fait (g)	p. 110
	gu	p. 111
	gn	p. 112
	g qui fait (j)	p. 113
	h	p. 114
	ph	p. 115

UNITÉ 5	ill	p. 116
	ail, eil, ouil, euil	p. 117
	ill et i en milieu de mot	p. 118
	y	p. 119
	x	p. 120
	w	p. 121
	Mots anglais (1)	p. 122
	Mots anglais (2)	p. 123
	Révision (1)	p. 124
	Révision (2)	p. 125
	Révision (3)	p. 126
	Révision (4)	p. 127

Tableau d'imprégnation niveau 2

t d

ta	ti	te	to	du	ty	ten	tem	troi
da	di	de	do	du	dy	den	dem	droi

ou   oi   en   em

rédu	modè	tude	dispa
nite	rêti	tourbi	

tout • doux • trois • droit • vide • vite • dire • tire • droite
dent • temps • pétale • pédale • trône • drone
Amine a perdu une dent.

Tableau d'imprégnation niveau 2

 ch j

cha	chi	che	cho	chu	chy	chon
ja	ji	je	jo	ju	jy	jon

chemi	procha	cheron
rejoi	jardi	pyja

on

joie • choix • joue • chou • sera • déjà • chats
chute • jupe • joujou • chouchou • chose • j'ose
Les chats de Lola jouent avec un chouchou.

Tableau d'imprégnation niveau 2

p b

an   ain

pa	pi	pe	po	pu	py	pan	plan
ba	bi	be	bo	bu	by	ban	blan

ap

ob

rapi	poti	dispa	peron
bitu	tible	tobo	

pas • bas • puis • buis • poule • boule • pâle • balle
poire • boire • prune • brune • blanche • clan • planche

Amine fait la planche dans son bain.

Tableau d'imprégnation niveau 2

f v

ai au eu

fa	fe	fo	fu	feu	fau	fai
va	vi	ve	vo	vu	veu	vau	vai

af
if

fati	forta	faufi	refroi
vali	devi

fou • vous • voix • fois • je fais • je vais • voir • foire • neuf • neuve • chauve • chauffe • favori • feu • veut

Kali va voir Lola à la foire.

CALIMOTS - Matériel des séances de code et d'orthographe lexicale – Unité 1 – semaine 3

Tableau d'imprégnation niveau 2

pl fl cl gl

on   om

pla	ple	pli	plo	plu	ply
fla	fle	fli	flo	flu	fly
cla	cle	cli	clo	clu	cly
gla	gle	gli	glo	glu	gly

plani	clure	pingle	réflé
pliqua	clari	négli	

plus / plus • glue • glace • place • classe • calcul • glisse ongle • oncle • cloche • flocon • affolé • pantoufle

Les flocons tombent sur la glace.

72

Tableau d'imprégnation niveau 2

br pr cr tr vr dr

bra	bre	bri	bro	bru
pra	pre	pri	pro	pru
cra	cre	cri	cro	cru
tra	tre	tri	tro	tru
vra	vre	vri	vro	vru
dra	dre	dri	dro	dru

in

| crate | droma | rappro | bredou | constru |

| droi | prin | trou |

très • trop • droit • triste • étiré • écrite • après • libre • livre • prince • poudre • trouve • pauvre • les épaules • crapaud

Dans le livre de Lola, le prince est un crapaud.

73

Tableau d'imprégnation niveau 2

 e qui fait e et e muet

be	te	de	le	ve	fle
fe	re	ze	me	ne	pe
che	cle	je	dre	ve	pe

| regar | ceri | cune | credi | truche | cheni |

rue • joue • petit • repas • aura • drôle • globe

Kali joue dans la rue, sous la pluie.

Tableau d'imprégnation niveau 2

é

bé	tré	dé	lé	vé	ché
fé	ré	zé	mé	né	pré
bé	te	réu	le	vé	che
fe	re	rié	ve	cre	pe

préve	maté	diffé	prépa	mysté

vélo • côté • idée • aida • étoile • dictée • vérité

Lola prépare une soirée animée.

CALIMOTS - Matériel des séances de code et d'orthographe lexicale – Unité 1 – semaine 5

Tableau d'imprégnation niveau 2

er qui fait é

ber	ter	der	ler	ver	cher
fer	rer	zer	drer	ner	per

cher	rer	ze	ké	fler	per
cer	te	dé	pier	vé	te

pier	mier	nier	rier

forter	goler	tissier	chelier	lendrier

cahier • papier • taper • premier • tapera • poirier

Le fermier a pris son panier en osier.

76

Tableau d'imprégnation niveau 2

 ez qui fait é

bez	tez	dez	lez	vez	chez
fez	rez	drez	mez	nez	pez

pez	dre	plé	trez	ve	mier
chez	rez	be	tez	rié	bre
jez	re	té	bliez	clé	ter

chetez	merez	cusez	plifiez	peliez

chez • assez • allez • nez • bronzé • jouez • portez

Est-ce que vous allez au marché ?

Tableau d'imprégnation niveau 2

è, ê, et qui font è

bè	fè	mè	nè	rè	lè	vè	fè
bê	fê	mê	nê	rê	lê	vê	fê
pè	fè	mè	nè	rè	lè	vè	fè
pet	bet	fet	met	net	ret	let	vet	fet

nè	plé	jet	quet	me	cret	rè	be
riè	hê	gné	fez	clê	sé	ter
frè	che	let

pèce	tonnet	sévè	mière	légè	tième

après • mère • père • jouet • jeté • poulet • être • tête

Kali se met en colère.

78

Tableau d'imprégnation niveau 2

en em

pen	ben	fen	men	nen	ren	len	ven	pren
pem	bem	fem	mem	nem	rem	lem	vem	

ren	re	fen	lè	len	ten
pren	ben	vê	me	met	quen
ren	tem	met	rem	cre	splen

féren	centi	vembre	mencer	splendi	rempla

entre • ensemble • parent • partent • apprendre • septembre

Avec ses parents, Amine apprend à jouer d'un instrument.

Tableau d'imprégnation niveau 2

o

bo	to	po	of	lo	ro	vo	so
cho	op	ho	fo	no	of	do	op
vo	da	ro	dro	da	nè	pro	clé

mélo	torti	proté	brico	virtuo

joli • tôt • colle • fort • zéro • encore • porte • pari • forme

Kali est en forme car il a fait du sport : du vélo et du judo.

Tableau d'imprégnation niveau 2

on om

| mon | pon | ron | von | son | lon | ton | bon | fon | gon | hon |
| pom | com | tom | nom | som | dom | trom | plom | triom | | |

ron	ro	fon	ren	pom	ton
pron	bon	vron	mo	son	chon
dron	tom	cro	rom	ro	pon

| conju | répon | rencon |
| combrez | compli | ponctu |

conte • nom • avant • nous voulons • savons • ombre

Lola reconnait son oncle dans une émission à la télévision.

81

Tableau d'imprégnation niveau 2

oi oin

voi	roi	goi	doir	soi	cloi	foi	poi	toi
poin	soin	roin	poin	foin	moin	goin	join	

voi	foin	po	moi	cra	troi
roi	jon	moin	toi	poin	goin

voitu	histoi	poitri	cevoir
pointi	lointai		

moi • fois • foin • voir • soir • son • noir • moins • avoir • loin

Amine aime choisir avec soin une histoire dans sa bibliothèque.

82

Tableau d'imprégnation niveau 2

 ou

sou	cou	glou	mou	nou	fou	dou
jou	pou	rou	tou	vou	gou	caou

crou	foi	moin	cou	flou	son
hou	pro	mou	voi	hou	zou

souli	décou	mousta	fourru	clusion

loup • rouge • journée • toujours • jointe • toutefois • pourquoi

Le tournoi de foot a duré toute la journée.

Tableau d'imprégnation niveau 2

a

ra	ba	sa	pa	la	nua	ma	va	gla	za
af	ap	ab	ac	al	ar				

ma	nié	qua	co	af	pia
pa	pou	cla	ra	za	doi

| fami | rega | tarti | froma | mascu | cevra |

pattes • papier • pâtes • poème • seras • affiche

Quand Lola voit son chat rentrer dans la maison, elle fait une tête bizarre.

84

Tableau d'imprégnation niveau 2

au eau

au	dau	sau	fau	mau	cau	gau	vau	hau	chau	miau
eau	beau	ceau	peau	veau	teau					

mau	deau	crou	sau	réa	veau		
hau	sa	jau	neau	mou	cau		

faufi	déchau	saupou	chaussu	précau
piteau				

autre • haut • autour • beau • aussi • assis • autorité • jumeau

Un oiseau chante en haut de l'arbre.

Tableau d'imprégnation niveau 2

al aux

al	bal	mal	val	tal	pal	nal	cal	dial
aux	baux	maux	vaux	taux	paux	naux	caux	diaux

pal	val	tru	vaux	cal	nal
caux	paux	tal	co	caux	veau

minal	tinal	milial
néraux	micaux	dicaux

cheval • journaux • mondial • inondé • chevaux

Peux-tu me prêter ton journal sur les animaux ?
Il a l'air génial.

Tableau d'imprégnation niveau 2

an am

dan	ban	kan	man	ran	han	pan	vian	san	cran
tam	cham	cam	lam	fram					

ran	cla	luant	dan	clan	han	hau	cal	phan	cran
vannaux	plan								

diman	boulan	tranqui	léphan	transpo
tambou				

camp • suivant • avocat • vacances • flamme • lampe

Les animateurs de notre camp de vacances sont vraiment charmants.

87

Tableau d'imprégnation niveau 2

 i

ri	si	tiè	mié	gri	vi	ni	bi	fi	qui	gi
il	ir	if								

chu	li	ri	tif	bliez	my	ir
fli	ir	bri	han	qui		

fabri	dispa	anti	riviè
cuisi	ractif	bisco	

ici • dix • nuit • lit • ensuite • dessus • écrivons • pliant

Amine et Lola se préparent vite pour partir au cinéma.

Tableau d'imprégnation niveau 2

ei ai

mai	sai	vai	nai	rai	tai	pai	quai	glai	grai
pei	sei	lei	rei	nei	plei				

mai	re	tai	nai	cli	vei	plei	
nei	phan	hi	grai	sei	tai	grai	

fontai	semai	clairiè
rensei	leineau	

mais • aimer • aide • lait • reine • jamais • mars • neige

Dans la clairière derrière la maison, il y a une rivière.

Tableau d'imprégnation niveau 2

in im

min	tin	chin	din	pin	gin	lin	quin	cin	gouin
sim	trim	tim	chim	grim					

gin	lin	chin	gouin	prin	grai	cin
din	pi	sim	fin	tin	vei	quin

simpli	trimba	gasin	cinquan
singu	minin		

fin • matin • enfin • simple • limer • invité • infini • impoli

Kali grimpe dans l'arbre du jardin des voisins.

Tableau d'imprégnation niveau 2

ain aim ein

main	pain	chain	nain	cain	tain	dain	train	daim
rein	pein	cein	tein	rein	frein	plein		
chain	pain	nain	rein	fin	cai	daim	quin	
	ple	prein	fai	faim	rai	train		

peintu	emprein	ceintu
ricain	litain	

main • ainsi • plein • pleine • demain • aimant • peintre • faim

En sortant de la boulangerie, Amine distribue des pains aux raisins à ses copains.

Tableau d'imprégnation niveau 2

u

bu	vu	pu	chu	clu	réu	stu	fu
chu	pru	réu	su	nu	mu	du	nui
rui	prin	crou	su	gli	dau	tru	pain

solu	insu	pluri	singu	suspi	chaussu

début • surtout • suite • lumière • éliminé • rouleau • réussir

Amine adore sa petite lumière en forme de lune.

92

Tableau d'imprégnation niveau 2

 eu œu

meu	peu	reu	veu	seu	leu	teu	deu	feu
cœu	sœu	bœu	vœu	nœu				

nateur	loureux	térieur	pleurni	siéreux

feu • jeu • vœu • deux • jeter • sœur • seul • cœur
leur • peur • œuf • fleur • nœud • dénoué • joueur

Le coiffeur de papi est souvent très curieux.

Tableau d'imprégnation niveau 2

s ou ss qui fait [s]

sy	sa	su	so	se	sau	sai
asse	osse	isse	usse	ousse		
ispa	iste	insé	ousta	ouscu		

assi	sa	seu	so	man	sin	sei
souli	dissan	dispa	casca	syno	bouscu	

seul • assez • soin • triste • tricher • samedi • pousser • se souvenir

Le père de Lola a laissé pousser sa moustache.

CALIMOTS - Matériel des séances de code et d'orthographe lexicale – Unité 3 – semaine 16

Tableau d'imprégnation niveau 2

s muet

dans • pas • ils • nous • très • alors • ainsi • vas • pris • puis
noms • lis • points • bois • épais • pâlis • alors • étais

Si j'étais une souris, j'irais me cacher dans un trou
quand les chats me chassent.

Tableau d'imprégnation niveau 2

s muet

dans • pas • ils • nous • très • alors • ainsi • vas • pris • puis
noms • lis • points • bois • épais • pâlis • alors • étais

Si j'étais une souris, j'irais me cacher dans un trou
quand les chats me chassent.

95

Tableau d'imprégnation niveau 2

s qui fait z

asi	ise	use	oisi	isé	aison	osé	asa	euse	osau
osa	ousi	ussa	osé	euse	isi
issai	uisi	asse	assez	aise	insu

dési	louse	boise	gaison	mésan

fusée • oiseau • trois ans • surprise • cuisse • cuisinier

Lola fait une surprise à son cousin Isidore : une visite du musée réservée aux abonnés.

CALIMOTS - Matériel des séances de code et d'orthographe lexicale – Unité 3 - semaine 17

96

Tableau d'imprégnation niveau 2

z

za	zi	zou	zu	zo	zé	zé	zai	az
za	sa	zon	si	zié	zai
se	zou	gaz	zin	zè	zar

| rizon | biza | torze | gazi | panzé | douzai |

zéro • douze • zèbre • treize • seize • venez • quinze • quatorze

Kali poursuit un zèbre, parle à un zébu et se faufile derrière un lézard.

Tableau d'imprégnation niveau 2

e qui fait è

ecta	espè	restau	perso	exi	exa
sel	chef	cet	quel	cher	fier	sec	bec
terre	pelle	miette	selle	blesse			bref
escar	melle	extrê	tesse	jectif	specta		

reste • verbe • texte • exister • belle • pelé • terre

Lola a écrit une lettre à sa grand-mère pour ses soixante-sept ans.

Tableau d'imprégnation niveau 2

q et k

qué	qui	oq	quan	quin	quo	quié	quel	quette
ki	ko	ké	ka	kan	kieu	koa		
qui	queur	kla	ski	se	quin	chi		
poi	quoi	cou						
co								

gique	queli	voque	quiétu	kangou	thèque

chaque • koala • quelques • quinze • inquiet • piégé • question

Lola a acheté de nouvelles baskets et un anorak.

Tableau d'imprégnation niveau 2

c qui fait [k]

| ca | co | cu | oc | cou | cli | cra | clou | cri |

| cre | car | cré | chu | ce | ac |
| ca | clo | quer | gou | cal | cran |

| décou | tacti | calen | rencon |

sac • calcul • sale • comme • composé • lecture • docteur

À la ferme, Lola admire le coq puis imite son chant.

100

Tableau d'imprégnation niveau 2

ç

ça	ço	çu	çon	çai	çoi	çan	çoire
ço	qui	çu	ca	ça	coi	quoi	
çoi	cri	si	çai	çon	ki	cai	

çade	naçait	lançoi	mençan	meçon	nonçait

garçon • reçu • leçon • français • faucon • façon

Amine pousse Lola sur la balançoire pour aller le plus haut possible.

Tableau d'imprégnation niveau 2

 c qui fait s

ce	cym	cy	cen	cin	ci	cian
ci	cu	çu	cian	quin	cy	cla
ço	chi	ce	ca	cian	ça	cen

célè	cice	noncez	licieu	circu

voici • citron • place • cinq • coq • ciseaux • exercice

Julie et sa nièce vont souvent au cirque quand elles sont en vacances.

Tableau d'imprégnation niveau 2

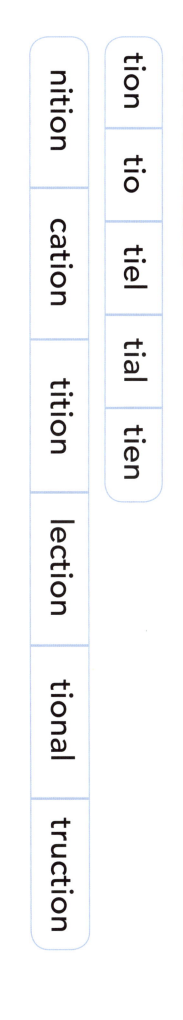

t qui fait (s)

tion	tio	tiel	tial	tien
nition	cation	tition	lection	tional	truction

action • natation • récréation • émotion • patiner • patient

Au stage multisport, Lola se fait remarquer aux épreuves de natation.

Tableau d'imprégnation niveau 2

n   nn

| na | nè | no | nu | né | ni | ne | ny |

coin	nai	minia
tein	gne	tonné
son	men	nonce
nou	pin	ronnier
fran	zin	
tein	mun	

bonne • année • nuit • interdit • comique • connaitre • finesse

Lola annonce une bonne nouvelle à Amine.

Tableau d'imprégnation niveau 2

m mm

mo	mu	ma	mi	mè	mé	me	my
moi	mou	mon	mai	moin	min	miez	main
mar	cham	lim	nom	man	sim	mian	moin

menté	combra	homma	chambou

mot • chemin • donne • nous sommes • tempête • imprimer

Amine emmène son amie Lola au centre commercial.

Tableau d'imprégnation niveau 2

en/em an/am in/im un/um on/om

fum	mun	lun	prun	hum	brun

hum	von	tem	lim	fum	cham	cun
men	chin	ran	mun	pom	quin	plom

mencez	tempê	campi
gasin	timba	portun	complain

entre • brun • matin • encore • jambon • amer • envie • parfum

Amine et Lola ont très envie de manger une pizza.

Tableau d'imprégnation niveau 2

ain ian ein ien

| bien | rien | vien | sien | chien | cien | dien | mien | lien |

rien	dian	tein	main	chin	vain	fian
cein	grain	crian	tran	vien	nain	dien

nicien	
lousain	verain	encein
soucian	françai	friandi

bien • riant • plein • viens • terrain • viande • devina • soudain

Lola garde le chien de son oncle qui s'appelle Rantanplan.

Tableau d'imprégnation niveau 2

-nt

elle sent • ils furent • ils font • elles veulent • elles aiment
ils arrivent • il devient • elles doivent • elles disent
elles seront • elles passent

Les enfants du voisin sautent dans les flaques sous la pluie.

-nt

elle sent • ils furent • ils font • elles veulent • elles aiment
ils arrivent • il devient • elles doivent • elles disent
elles seront • elles passent

Les enfants du voisin sautent dans les flaques sous la pluie.

Tableau d'imprégnation niveau 2

-ment

lument	tement	cument	quement	rement	plément	gument
cament	pement	glement	timent	blement	trement	dément

moment • ils nomment • comme • comment • rapide • rapidement

Amine, survolté, raconte rapidement la course qu'il vient de remporter.

109

Tableau d'imprégnation niveau 2

g qui fait g

| ga | go | gu | ag | gou | gla | gra | glou | gri | croi |

| ga | jou | gor | qua | gar | gran | gu |
| gri | gai | gréa | gla | grai |

| réga | glement | langa | gazou |

gros • grande • juste • malgré • garçon • gâteau • regarder

Amine a planté quelques graines de potiron dans le jardin.

Tableau d'imprégnation niveau 2

gu

gue	glu	gué	ga	gou	gui	gra	glou	gri	gro
gue	qué	ja	quo	clu	goi				
gra	go	gre	gon	guê	jou				

logue	guéri	dégui	tingue

longue • fatigue • guitare • guêpe • dragon • mangue

Pour le carnaval, Amine découpe une grande guirlande.

111

Tableau d'imprégnation niveau 2

gn

gné	gno	gni	gne	gner	gneu	gnon
gne	gno	grou	gué	gor	gnan	gui	gnon
gnai	gou			quai		gla

magni	tagne	lignai	juguez	pagnon

ligne • soigner • longueur • poignet • seigneur • grignoter

Amine a gagné une course pour les jeunes en montagne.

112

Tableau d'imprégnation niveau 2

g qui fait j

ge	gi	gy	gé	gè	gê	gen
ge	gi	gai	ja	gor	gni	
ger	gier	jy	gué	gen	gei	

vage	gigan	légè	géogra	glage

gens • manger • visage • magique • élégante • garage

Amine et Lola s'entrainent à faire des tours de magie.

113

Tableau d'imprégnation niveau 2

h

hé	ho	ha	hi	hê	hou	hô	oh
ho	che	ha	hi	heu	oh	chou	
hau	ah	chi	ca	chu	hu	coi	
héri	histoi	ortho	horlo	véhi	hippo		

huit • haute • dehors • homme • heure • l'hiver • cher • habiter

Lola est heureuse de dormir dans un hôtel ce soir.

114

Tableau d'imprégnation niveau 2

ph

phé	pha	phi	phe	pho	phar	phiez
phé chon	ha	phan	phy	che	ho	phon
			phi	cha	phé	

phone	graphe	pharma	phelin

phrase • éléphant • alphabet • choix • photo • strophe

Lola dessine des animaux d'après des photographies.

115

CALIMOTS - Matériel des séances de code et d'orthographe lexicale – Unité 5 – semaine 29

Tableau d'imprégnation niveau 2

ill

| nille | rille | guille | drille | nille | tillé |

La famille de Lola a invité Kali et Amine à manger.

fille • mille • chenille • vanille • ça brille • coquille
gorille • cédille • habile • famille • tranquille • sautille

Tableau d'imprégnation niveau 2

ill

| nille | rille | guille | drille | nille | tillé |

La famille de Lola a invité Kali et Amine à manger.

fille • mille • chenille • vanille • ça brille • coquille
gorille • cédille • habile • famille • tranquille • sautille

La famille de Lola a invité Kali et Amine à manger.

116

Tableau d'imprégnation niveau 2

ail eil ouil euil

vail	tail	reil	teil	nouil	reuil	teuil
maille		beille	reille	pouille	douille	feuille

ail • vieil • fouille • folie • fauteuil • détail • sommeil

Kali et Amine ont fait un concours de galipettes.
Kali a glissé et il est tombé dans les broussailles.

Tableau d'imprégnation niveau 2

ill et i en milieu de mot

lié	rian	ria	blia	vion	rieu
tilla	brille	dille	drille		

grille • pliage • défilait • fillette • criait • oublier
enviez • papillon • ouvrier • briller • chenilles

Chère mamie,
Nous passons de belles vacances en famille :
nous jouons et nous rions beaucoup.

Tableau d'imprégnation niveau 2

y

Le « y » se lit « i ».

cy	sty	ry	phy	gly	gy
noy	ploy	nuy	lay	voy	tuy

Le « y » se lit comme deux « i ».

stylo • tuyau • tulipe • symbole • crayon • voyage • paysage aboyer • diabolique • cycliste • les yeux

Pour son travail, la tante de Lola voyage dans de nombreux pays.

119

Tableau d'imprégnation niveau 2

x

| excla | plexe | expli | extrê | flexe | excu | explo |

taxi • dix • ceux • prix • six • voix • exercice • index • vieux • sixième • exprès • écran • les animaux • heureux • s'exclamer

Kali observe les insectes avec une loupe.
Il examine les deux gros yeux d'une mouche.

CALIMOTS - Matériel des séances de code et d'orthographe lexicale — Unité 5 — semaine 31

Tableau d'imprégnation niveau 2

w

kiwi • wagon • show • crawl • varier • waterpolo

Pour son voyage en tramway, Walter a emporté un wrap au thon et à la mayonnaise ainsi qu'un kiwi.

Tableau d'imprégnation niveau 2

w

kiwi • wagon • show • crawl • varier • waterpolo

Pour son voyage en tramway, Walter a emporté un wrap au thon et à la mayonnaise ainsi qu'un kiwi.

121

Tableau d'imprégnation niveau 2

Mots anglais (1)

gag • rap • snack • match • goal • coach • stop • show • hotdog • boxe • football • surf • puzzle

Lola a emmené Kali regarder un match de football.
En tant que supporteurs, ils encouragent leur équipe avec ferveur.

Tableau d'imprégnation niveau 2

Mots anglais (1)

gag • rap • snack • match • goal • coach • stop • show • hotdog • boxe • football • surf • puzzle

Lola a emmené Kali regarder un match de football.
En tant que supporteurs, ils encouragent leur équipe avec ferveur.

CALIMOTS - Matériel des séances de code et d'orthographe lexicale – Unité 5 – semaine 32

Tableau d'imprégnation niveau 2

Mots anglais (2)

star • look • cool • fastfood • web • stress • tennis
pullover • teeshirt • weekend • shopping • legging

Amine et Lola font du shopping, ils aimeraient changer de look pour surprendre Kali.

Tableau d'imprégnation niveau 2

Mots anglais (2)

star • look • cool • fastfood • web • stress • tennis
pullover • teeshirt • weekend • shopping • legging

Amine et Lola font du shopping, ils aimeraient changer de look pour surprendre Kali.

123

Tableau d'imprégnation niveau 2

Révision (1)

certains • tu devrais • douzaine • dixième • argile • usages récipients • elles essayaient • champignon • championnat

À la préhistoire, on modelait de l'argile pour en faire des récipients.
On les cuisait au feu de bois pour les rendre plus résistants.

Tableau d'imprégnation niveau 2

Révision (1)

certains • tu devrais • douzaine • dixième • argile • usages récipients • elles essayaient • champignon • championnat

À la préhistoire, on modelait de l'argile pour en faire des récipients.
On les cuisait au feu de bois pour les rendre plus résistants.

Tableau d'imprégnation niveau 2

Révision (2)

il contient • elles contemplent • se transformer • économies • aménagé • croissance • croustiller • des esquimaux • estima • phénomènes

La germination est l'étape où la graine se transforme en plante. D'abord la graine absorbe l'eau, ce qui la fait gonfler.

Tableau d'imprégnation niveau 2

Révision (2)

il contient • elles contemplent • se transformer • économies • aménagé • croissance • croustiller • des esquimaux • estima • phénomènes

La germination est l'étape où la graine se transforme en plante. D'abord la graine absorbe l'eau, ce qui la fait gonfler.

125

Tableau d'imprégnation niveau 2

Révision (3)

calque • yaourts • immense • s'emmêler • s'émerveiller • impatience brusque • ennuyeux • sérieusement • estomac • disparaissais

Découpe une bande de calque suffisamment longue pour faire le tour d'un pot de yaourt en verre.

Dessine un motif sur le calque puis colorie-le avec des feutres.

Tableau d'imprégnation niveau 2

Révision (3)

calque • yaourts • immense • s'emmêler • s'émerveiller • impatience brusque • ennuyeux • sérieusement • estomac • disparaissais

Découpe une bande de calque suffisamment longue pour faire le tour d'un pot de yaourt en verre.

Dessine un motif sur le calque puis colorie-le avec des feutres.

Tableau d'imprégnation niveau 2

Révision (4)

camp • camembert • ils s'enferment • ferment • approuvé soigner • sanguin • grignotage • convention • internationale

La « Convention internationale des droits de l'enfant » est un texte important signé par l'Organisation des Nations unies (ONU), en 1989.

Tableau d'imprégnation niveau 2

Révision (4)

camp • camembert • ils s'enferment • ferment • approuvé soigner • sanguin • grignotage • convention • internationale

La « Convention internationale des droits de l'enfant » est un texte important signé par l'Organisation des Nations unies (ONU), en 1989.

127

N° de projet : 10295646 - Imprimé en mars 2024, en France, sur les presses de l'imprimerie Chirat - N° 202402.0236